FULLGÁS

ANTONIO CICERO

Fullgás
Poesia reunida

Copyright © 2025 by herdeiros de Antonio Cicero

Grafia atualizada segundo o Acordo Ortográfico da Língua Portuguesa de 1990, que entrou em vigor no Brasil em 2009.

A editora agradece a Marcelo Pies e Arthur Nogueira, pela parceria fundamental; a Eucanaã Ferraz, Noemi Jaffe, Mariano Marovatto e Omar Salomão, pelas valiosas contribuições; e a Marina Lima, Adriana Calcanhotto, Lulu Santos, João Bosco, Roberto Frejat e Sérgio Souza, parceiros das canções, bem como às editoras musicais, por terem tornado esta edição possível.

Capa
Bloco Gráfico

Imagem de capa
Sem título, da série *Jornal imaginário*, de Luciano Figueiredo, 2001-2012. Acrílica sobre papel-jornal, 36 × 48 cm. Reprodução de Vicente de Mello.

Foto do autor (p. 236)
Eucanaã Ferraz

Preparação
Leny Cordeiro

Revisão
Huendel Viana
Marina Nogueira

Dados Internacionais de Catalogação na Publicação (CIP)
(Câmara Brasileira do Livro, SP, Brasil)

Cicero, Antonio, 1945-2024.
  Fullgás : Poesia reunida / Antonio Cicero. —
1ª ed. — São Paulo : Companhia das Letras, 2025.

  ISBN 978-85-359-4063-3

  1. Poesia brasileira I. Título.

25-255354   CDD-B869.1

Índice para catálogo sistemático:
1. Poesia : Literatura brasileira   B869.1

Aline Graziele Benitez – Bibliotecária – CRB-1/3129

Todos os direitos desta edição reservados à
EDITORA SCHWARCZ S.A.
Rua Bandeira Paulista, 702, cj. 32
04532-002 — São Paulo — SP
Telefone: (11) 3707-3500
www.companhiadasletras.com.br
www.blogdacompanhia.com.br
facebook.com/companhiadasletras
instagram.com/companhiadasletras
x.com/cialetras

Sumário

Guardar (1996), 7
A cidade e os livros (2002), 71
Porventura (2012), 117
Esparsos e inéditos, 169
Algumas letras, 185

Posfácio: Lucidez e maravilha — Noemi Jaffe, 209
Créditos das canções, 229
Índice de poemas e canções, 231
Sobre o autor, 237

GUARDAR

(1996)

Para Marcelo Pies

E vivíamos bem,
na doméstica companhia dos feitiços de Circe.

Alex Varella

I

Guardar

Guardar uma coisa não é escondê-la ou trancá-la.
Em cofre não se guarda coisa alguma.
Em cofre perde-se a coisa à vista.
Guardar uma coisa é olhá-la, fitá-la, mirá-la por
admirá-la, isto é, iluminá-la ou ser por ela iluminado.
Guardar uma coisa é vigiá-la, isto é, fazer vigília por
ela, isto é, velar por ela, isto é, estar acordado por ela,
isto é, estar por ela ou ser por ela.
Por isso melhor se guarda o voo de um pássaro
Do que pássaros sem voos.
Por isso se escreve, por isso se diz, por isso se publica,
por isso se declara e declama um poema:
Para guardá-lo:
Para que ele, por sua vez, guarde o que guarda:
Guarde o que quer que guarde um poema:
Por isso o lance do poema:
Por guardar-se o que se quer guardar.

Voz

Orelha, ouvido, labirinto:
perdida em mim a voz de outro ecoa.
Minto:
perversamente sou-a.

Segundo a tradição

O grande bem não nos é nunca dado
e foste já furtado do segundo:
O resto é afogar-te com o amado
na líquida volúpia de um segundo.

Colono lacônico

É propício que Afrodite sempre vença as primeiras batalhas
e Atena sempre as últimas.
Hera deve perder.

Jamais regressarei a Esparta.

Rapaz

Hesitante entre o mar ou a mulher,
a natureza o fez rapaz bonito,
rapaz:
pronto para amar e zarpar.

Também ao poeta apraz
o ser rápido e rapace.

Canto XXIII: Desafogo

a Sérgio Luz

A ameaçar as naves do regresso
enquanto os deuses se distraem,
o combate prossegue implacável,
os dardos e o bronze a perfurar
órgãos membros e sobretudo a pele
que sonhava acostumar-se a brisas sóis olhos ardentes.

Antes morrer de vez ou viver
que desgastar-se feito agora ante os navios
contra homens ignóbeis.

O emigrante

Buscando o ocidente com o olhar,
que desde sempre foi límpido e grávido,
chegou à terra ao fim de todo mar.
Sem planos certos foi e até sem roupa,
sem cada dia o pão e sem família,
sem nem saber o que era o ocidente,
chegou chorando assim como quem nasce
e o mundo alumbra um segundo e assombra.

Transparências

a Roberto Correia Lima

Venho da praia de um verão onde as ondas rolam redondas
[e lisas
sobre o mar sem formar espuma
e olhos gulosos engolem glaucas e mornas transparências
goles de luz azul e verde
fazendo inveja à língua aos lábios e à goela

Por que me arrastas por areias sem águas
ou zonas infestadas de feras
ou paludes sombrios
ou friagens cíticas
ou mares coagulados

Por que me queres nessa terra monstruosa e trágica
onde erram poetas e mitógrafos
e nada é certo nada claro

Dita

a Dedé Veloso

Qualquer poema bom provém do amor
narcíseo. Sei bem do que estou falando
e os faço eu mesmo, pondo à orelha a flor
da pele das palavras, justo quando

assino os heterônimos famosos:
Catulo, Caetano, Safo ou Fernando.
Falo por todos. Somos fabulosos
por sermos enquanto nos desejando.

Beijando o espelho d'água da linguagem,
jamais tivemos mesmo outra mensagem,
jamais adivinhando se a arte imita

a vida ou se a incita ou se é bobagem:
desejarmo-nos é a nossa desdita,
pedindo-nos demais que seja dita.

Confusão

a Mário Lacerda

11.1 e era toda a terra uma língua e uma voz em todos
11.2 e ocorreu ao moverem-se do oriente acharem uma
planície na terra de Senaar e habitarem-na
11.3 e disse homem a vizinho eia façamos tijolos e os
cozamos com fogo e apareceram-lhes tijolos por pedras
e cimento foi-lhes o betume
11.4 e disseram eia construamos para nós uma cidade
e uma torre cujo capitel chegue ao céu e façamo-nos
um nome antes de nos dispersarmos pela face
de toda a terra
11.5 e desceu o senhor para ver a cidade e a torre que
construíam os filhos dos homens
11.6 e disse eis uma geração e uma língua para todos
e começaram a fazer isso e destarte não estará fora do seu
alcance fazer tudo o que desejarem
11.7 eia descendo amarremos sua língua e confundamos
sua voz para que não queiram desejar o que desejam
11.8 e os homens disseram eis um senhor que amarra
nossa língua e confunde nossa voz para que não
queiramos desejar o que desejamos
11.9 multipliquemos pois nossas línguas e nossas vozes
para que o senhor não compreenda as vozes dos homens
11.10 e dispersemo-nos daqui pela face de toda a terra
e construamos inúmeras cidades e torres

11.11 e multiplicaram os homens suas línguas e dispersaram-se pela face de toda a terra.

Falar e dizer

a Waly Salomão

Não é possível que portentos não tenham ocorrido
Ou visões ominosas e graves profecias
Quando nasci.
Então nasce o chamado
Herdeiro das superfícies e das profundezas então
Desponta o sol
E não estremunha aterrado o mundo?
Assim à idade da razão
Vazei os olhos cegos dos arúspices e,
Fazendo rasos seus templos devolutos,
Desde então eu designo no universo vão
As coisas e as palavras plenas.
Só
Com elas
Recôndito e radiante ao sopro dos tempos
Falo e digo
Dito e decoro
O caos arreganhado a receber-me incontinente.

Oráculo

Vai e diz ao rei:
Cai a casa magnífica,
O santuário de Apolo;
Fenece o louro sagrado;
A voz da vidente emudece;
As fontes murmurantes se calam para sempre.
Diz adeus adeus.
Tudo erra, tanto
A terra vagabunda quanto
Tu, planetário.
Criança e rei,
Delira e ri:
Meu sepulcro não será tua masmorra.
Alimenta teu espírito também com meu cadáver,
Pisa sobre estas esplêndidas ruínas e,
Se não há caminhos,
Voa.
Voa ri delira
Nessa viagem sem retorno ou fim.

Dilema

O que muito me confunde
é que no fundo de mim estou eu
e no fundo de mim estou eu.
No fundo
sei que não sou sem fim
e sou feito de um mundo imenso
imerso num universo
que não é feito de mim.
Mas mesmo isso é controverso
se nos versos de um poema
perverso sai o reverso.
Disperso num tal dilema
o certo é reconhecer:
no fundo de mim
sou sem fundo.

Minos

Não ocultei o monstro: jamais hei de ocultá-lo.
Jamais erguerei paredes para vedá-lo às vistas dos curiosos e
maledicentes. Jamais hei de exilá-lo.
Ao contrário:
Plantei-o no trono do salão central do palácio que ergui para
abrigá-lo, na capital do meu reino, no umbigo desta ilha que eu
mesmo tornei eixo do mundo.
Que para ele convirjam todos os turistas, todas as rotas
marinhas, todas as linhas aéreas, todos os cabos submarinos,
todas as redes siderais.
Construí canais estradas viadutos ferrovias funiculares pontes
túneis até o palácio; depois, áditos pórticos limiares entradas
umbrais aleias ânditos elevadores passagens escadas ombreiras
travessas portas corredores servidões rampas porteiras vielas
passadouros escadarias portões arcadas soleiras portelas
caminhos galerias sendas portais veredas cancelas áditos
pórticos limiares entradas umbrais aleias ânditos elevadores
passagens escadas ombreiras travessas portas corredores
servidões rampas porteiras vielas passadouros escadarias
portões arcadas soleiras portelas caminhos galerias sendas
portais veredas cancelas áditos pórticos limiares entradas
umbrais aleias ânditos elevadores passagens escadas ombreiras
travessas portas corredores servidões rampas porteiras vielas
passadouros escadarias portões arcadas soleiras portelas
caminhos galerias sendas portais veredas cancelas alamedas

áditos pórticos limiares entradas umbrais aleias ânditos
elevadores passagens escadas ombreiras travessas portas
corredores servidões rampas porteiras vielas passadouros
escadarias travessas portões arcadas soleiras portelas caminhos
galerias sendas portais veredas cancelas áditos pórticos limiares
entradas umbrais aleias degraus portinholas ruelas ânditos
elevadores passagens escadas ombreiras travessas portas
corredores servidões rampas porteiras vielas passadouros
escadarias portões arcadas soleiras portelas caminhos

Cicero

a José Ibsen

Minha vida tem um garoto chamado Cicero.
Ele é a cobra do meu paraíso.
Ele é a dobra do meu paraíso.
Ele é a sobra do meu paraíso.
Ele é a sombra do meu paraíso.
Ele é a cobra.
Ele é a cobra.
Ele é a cobra.

II

Solo da paixão

O solo da paixão não dura mais
que um dia antes de afundar, não mais
que esta noite ou esta noite e um dia
e o clarão da noite antes de amargar.
Um dia solar eu vou lhe entregar:
que ela sequestre o mundo por um dia
(um dia só será que já vicia?)
depois devolva tudo: terra céu e mar.

Onze e meia

Quando a noite vem
um verão assim
abrem-se cortinas varandas
janelas prazeres jardins

Onze e meia alguém
concentrado em mim
no espelho castanho dos olhos
vê finalidades sem fim

Não lhe mostro todos os bichos que tenho de uma vez
Armo o circo com não mais do que uns cinco ou seis
leão camelo garoto acrobata
e não há luar
e os deuses gostam de se disfarçar

Cara

a Tereza Augusta

Jamais foi mais escuro
no país do futuro
e da televisão.

Dentro do labirinto
o que eu sinto eu sinto
e chamam de paixão.

E me apaixonam questões ardentes
que nem consigo assim de repente
expor.

Mas entre elas há coisas raras
que são promessas loucuras taras
de amor.

Há sonhos e insônias
ozônios e Amazônias
e um novo amor no ar.

Entre bilhões de humanos
e siderais enganos
eu quero te abraçar.

Mil novecentos e não sei quanto
É fim de século e no entanto
é meu:

meu cada gesto cada segundo
em que te amar é um claro assunto
no breu.

Inverno

a Susana Moraes

No dia em que fui mais feliz
eu vi um avião
se espelhar no seu olhar até sumir

de lá pra cá não sei
caminho ao longo do canal
faço longas cartas pra ninguém
e o inverno no Leblon é quase glacial.

Há algo que jamais se esclareceu:
onde foi exatamente que larguei
naquele dia mesmo o leão que sempre cavalguei?

Lá mesmo esqueci
que o destino
sempre me quis só
no deserto sem saudades, sem remorsos, só,
sem amarras, barco embriagado ao mar

Não sei o que em mim
só quer me lembrar
que um dia o céu
reuniu-se à terra um instante por nós dois
pouco antes do ocidente se assombrar.

Stromboli

Dorme enquanto eu velo...
Fernando Pessoa

Dormes,
Belo.
Eu não, eu velo
enquanto voas ou velejas
e inocente exerces teu império.
Amo: o que é que tu desejas?
Pois sou a noite, somos
eu poeta, tu proeza
e de repente exclamo:
tanto mistério é,
tanta beleza.

Felicidade

Felicidade é o acaso
que te faz o que és.
Nada queres dizer.
Nada deves a trabalho
ou a dever.
Perverso,
brincas.
Criatura de um só dia
absoluto
és festa
serás luto.
És festa sonho carne frêmito.
Não mereces este prazer
nem eu mereço teu amor:
tudo entre nós é gratuito
e muito
e parte.
Cardumes de sol ao mar
quase sem arte
quero-te feliz.

Onda

Conheci-o no Arpoador:
garoto versátil, gostoso,
ladrão, desencaminhador
de sonhos, ninfas e rapsodos.

Contou-me feitos e mentiras
indeslindáveis por demais.
Fui todo ouvidos, tatos, vistas
e pedras, sóis, desejos, mares.

E nos chamamos de bacanas
e prometemo-nos a vida:
comprei-lhe um picolé de manga

e deu-me ele um beijo de língua
e mergulhei ali à flor
da onda, bêbado de amor.

Simbiose

Sou seu poeta só
Só em você descubro a poesia
que era minha já
mas eu não via.

Só eu sou seu poeta
Só eu revelo a poesia sua
e à noite indiscreta
você de lua.

Canção da alma caiada

Aprendi desde criança
que é melhor me calar
e dançar conforme a dança
do que jamais ousar

mas às vezes pressinto
que não me enquadro na lei:
minto sobre o que sinto
e esqueço tudo o que sei.

Só comigo ouso lutar:
sem me poder vencer,
tento afogar no mar
o fogo em que quero arder.

De dia caio minh'alma.
Só à noite caio em mim:
por isso me falta calma
e vivo inquieto assim.

Água Perrier

Não quero mudar você
nem mostrar novos mundos
pois eu, meu amor, acho graça até mesmo em clichês.

Adoro esse olhar blasé
que não só já viu quase tudo
mas acha tudo tão déjà-vu mesmo antes de ver.

Só proponho
alimentar seu tédio.
Para tanto, exponho
a minha admiração.
Você em troca cede o
seu olhar sem sonhos
à minha contemplação:

Adoro, sei lá por quê,
esse olhar
meio escudo
que em vez de meu álcool forte pede água Perrier.

De trás pra frente

O amante,
cabeça tronco membro
eretos para o amado,
não o decifra um só instante.
Eu mesmo ainda me lembro:
o amante é devorado.
Já o amado,
por mais ignorante e indiferente,
soletra o seu amante
de trás pra frente.

Hotel Meio-Dia

Do ut des
do ut facias
facio ut des
facio ut facias

Quase

Por uma estranha alquimia
(você e outros elementos)
quase fui feliz um dia.
Não tinha nem fundamento.
Havia só a magia
dos seus aparecimentos
e a música que eu ouvia
e um perfume no vento.
Quase fui feliz um dia.
Lembrar é quase promessa,
é quase quase alegria.
Quase fui feliz à beça,
mas você só me dizia:
"Meu amor, vem cá, sai dessa".

Lograder

Você habita o próprio centro
de um coração que já foi meu.
Por dentro torço pra que dentro
em pouco lá só more eu.
Livre de todos os negócios
e vícios que advêm de amar
lá seja o centro de alguns ócios
que escolherei por cultivar.
E pra que os sócios vis do amor,
rancor, dor, ódio, solidão,
não mais consumam meu vigor,
amado e amor banir-se-ão
do centro rumo a um lograder,
subúrbio deste coração.

Maresia

O meu amor me deixou
Levou minha identidade
Não sei mais bem onde estou
Nem onde a realidade

Ah, se eu fosse marinheiro
Era eu quem tinha partido
Mas meu coração ligeiro
Não se teria partido

Ou se partisse colava
Com cola de maresia
Eu amava e desamava
Sem peso e com poesia

Ah, se eu fosse marinheiro
Seria doce meu lar
Não só o Rio de Janeiro
A imensidão e o mar

Leste oeste norte sul
Onde um homem se situa
Quando o sol sobre o azul
Ou quando no mar a lua

Não buscaria conforto
Nem juntaria dinheiro
Um amor em cada porto
Ah, se eu fosse marinheiro

Virgem

As coisas não precisam de você.
Quem disse que eu tinha que precisar?
As luzes brilham no Vidigal
e não precisam de você;
os Dois Irmãos
também não
precisam.
O Hotel Marina quando acende
não é por nós dois
nem lembra o nosso amor.
Os inocentes do Leblon,
esses nem sabem de você
nem vão querer saber
e o farol da ilha só gira agora
por outros olhos e armadilhas:
o farol da ilha procura agora
outros olhos e armadilhas.

À francesa

Meu amor, se você for embora
sabe lá o que será de mim
passeando pelo mundo afora
na cidade que não tem mais fim
ora dando fora ora bola
um irresponsável, pobre de mim.

Se lhe peço pra ficar ou não?
Meu amor, eu lhe juro
que não quero deixá-lo na mão
e nem sozinho no escuro,
mas os momentos felizes não estão escondidos
nem no passado nem no futuro.

Certamente vai haver tristeza,
algo além de um fim de tarde a mais
mas depois as luzes todas acesas:
Paraísos artificiais.
E se você saísse à francesa,
eu viajaria muito, mas muito mais.

Elo

Dizem ser Marcelo mar e céu
dizem ser vão ser e ser poeta
Só sei que desde que me aconteceu
Esse horizonte azul assim sem reta
quero ser não o poeta
Ser o verso de Marcelo
Ser a rima de Marcelo
Ser esse elo
Entre ar mar céu nome ser não ser Marcelo

III

Ignorant Sky

The well-built house has fallen to the ground.
There is no God among us anymore.
Our bay leaves wither, our prophets are a bore
And not a single new spring has been found.
So you make a cockpit of your bedroom
And opening electronic windows up
You scan the universe for kicks, and zoom
A distant face to get a fake close up;
And yet when everything's quite like a lie
And only what is terrible seems true
You find within your heart a strange devotion
Toward that star against an ignorant sky:
You know its shimmering artificial blue
Has been delivered by the deepest ocean.

Noite

Vêm lá do canal
reverberações
do ladrar de um cão.

Uma dessas noites
tudo vai embora:
leve-nos,
ladrão.

Abre-se o sinal
pra ninguém passar.
É melhor ser vão
tudo o que pontua
nossa escuridão.

O enigma de Hempel

a Carlos Nader

Todo corvo é preto
e cada corvo preto
confirma o pretume dos corvos.

Se todo corvo é preto então
todo não-preto é não-corvo
e se todo não-preto é não-corvo
então todo corvo é preto.

Todo corvo é preto
Todo não-preto é não-corvo
e cada não-preto não-corvo
— cada folha verde cada onda azul cada gota de sangue —
prova o pretume dos corvos.

Eu vi o rei passar

Um rei assim
não ouve muito bem
e adora luz;
sem ver ninguém
prefere olhar
o horizonte, o céu:
longe daqui
é tudo seu.

Seu sangue azul
ninguém diz de onde vem
de que sertão
que mar, que além;
e para nós
ele jamais se abriu
senão uma vez
depois partiu.

Um rei assim
cultiva a solidão
sombria flor
no coração
e claro é
que o pêndulo do amor
às vezes vai
até a dor.

Devo dizer
que não sofri demais.
Devo dizer
que acordei.
Mesmo sem ser
tudo que imaginei
devo dizer
que o amei.

Narciso

Narciso é filho de uma flor aquática
e de um rio meândrico. É líquido
cristalizado de forma precária
e preciosa, trazendo o sigilo
da sua origem no semblante vívido
conquanto reflexivo. Ousaria
defini-lo como aquele em que a vida
mesma se retrata. É pois fatídico
que, logo ao se encontrar, ele se perca
e ao se conhecer também se esqueça,
se está na confluência da verdade
e da miragem quando as verdes margens
da fonte emolduram sua imagem fluida
e fugaz de água sobre água cerúlea.

O parque

a Cao

À noite ele vai ao parque
entre o mar e a cidade
e o precipício do céu
e o abismo do seu eu.

Com toda amabilidade
ele joga a rede e fere
as águas da noite suave
e colhe o que se oferece:

no sentido do relógio,
as luzes de Niterói,
a escuridão e a Urca
e sobre ela o Pão de Açúcar;

depois, pistas de automóveis
e em meio a certas folhagens
sabe-se lá o que fazem
uns atletas quase imóveis;

o Hotel Glória iluminado
atrás de um bosque no breu;
o monumento, um soldado,
e adiante o museu

e a marina; e depois,
vindo lá do aeroporto,
um longínquo odor de esgoto
ofende as damas da noite;

e há vultos à beira-mar
e amantes à meia-luz
e à superfície do mar
um azul que tremeluz

e seu desejo encarnado
na mão de certo moreno
tão cálido e apaixonado
que é louco pelo sereno;

e finalmente o que há
é a Via Láctea a jorrar
no alto do firmamento
e a seus pés sem fundamento.

Trevo do Marinheiro

a Luciano Figueiredo

Ao manobrar no trevo de concreto
ao sol das duas e quinze percebo
certas sombras espessas, bem embaixo
do viaduto, e nelas alguns laivos
de trapos sob o trânsito entrevado.
Em torno desse ponto cego e vago
percorro minha órbita elítica
com rodas de borracha e metafísica,
por pistas falsas, longe, além das orlas
das cirandas financeiras ou rondas
bancárias, longe, entre caracóis
de línguas mortas e mundos de pó
girando numa coluna de sol
que entra no carro enquanto perco a hora.

Eco

A pele salgada daquele surfista
parece doce de leite condensado.
Como seu olhar, o mar é narcisista
e, na vista de um, o outro é espelhado.

E embora, quando ele dança sobre as cristas,
goste de atrair olhares extraviados
de banhistas distraídos ou artistas,
é claro que o mar é seu único amado.

Ei-lo molhado em pé na areia: folgado,
ao pôr do sol tem de um lado a prancha em riste
e usa do outro uma gata e um brinco e assiste

serenamente ao horizonte inflamado
e a brisa o alisa e enfim ele não resiste
à beleza e diz "sinistro!" e ouve eco ao lado.

Teofania

Sabe-se que um deus só vem porque quer
e que é capaz de desaparecer
a seu bel-prazer, por mero capricho.
Nisso ele se assemelha mais a um bicho

selvagem, feito serpente ou veado,
do que a gente. Uns são intempestivos.
É no momento menos indicado
que nos capturam e mantêm cativos.

Assim é o Amor, por exemplo. Não
há quem não reconheça a divindade
de tal deus. Não: os próprios cristãos dão
a mão à palmatória e têm saudade

do realismo do mundo pagão
quando o veem chegar como quem não quer
nada e ofuscar tudo. Outros são
diferentes. Todos vêm por prazer,

isso é claro, mas, por exemplo, o Sono
não deixa de abraçar-nos todo dia
enquanto somos jovens: dir-se-ia
ser nosso escravo e não suave dono.

Mas isso não se deve nem pensar
pois se ele ouvir o nosso pensamento
e resolver provar-nos a contento
ser mesmo deus, desaparecerá,

pois que ele é deus mostra-o nem tanto o fato
de que vem sem ser chamado e escraviza,
em teatros, aulas, ônibus, vigílias,
o desejo que almeja dominá-lo

quanto a própria insônia, teofania
negativa do Sono, quando somem
as doces nuvens e as torres macias
do príncipe dos deuses e dos homens

e não se abrem as águas da lagoa
ou os portões de chifre ou de marfim
e a nossa imaginação se esboroa
em prosa e a noite cansa até o fim.

Não se iludam. Nem o mais poderoso
dos soporíferos substituiria
ver abolirem-se as categorias
pela espontânea ação de um deus gasoso.

Tais deuses só na velhice sabemos
o que são. O jovem nem desconfia
ser divino o próprio Tesão ou mesmo,
tremo só de lembrar, a Poesia.

Templo

Para que as Musas residentes lá no Olimpo
façam meus poemas palavras que desejem,
eu que, à sombra de um deus muito mais triste, habito
a fralda de uma montanha muito mais verde,

declaro não serem os versos que escrevo obras
de arte mas bases, paredes e donaires
de templos construídos com mãos e com sobras
de paixões, mergulhos, fodas, livros, viagens

(precário material com o qual é elaborado
tudo o que merece aspirar a eterna glória)
e — ainda com os seus andaimes — os consagro
a elas, às filhas alegres da Memória,

deusa que não é, como querem crer os néscios,
a guardiã do passado, com o qual pouco
se importa, mas antes a que nos oferece o
esquecimento quando canta o imorredouro.

Notas

1. "Virgem", "Eu vi o rei passar" e "Cara" são variantes de letras escritas para melodias de Marina Lima.
2. Marina Lima musicou "Canção da alma caiada" e "Solo da paixão".
3. Variantes dos poemas "Dita", "Logrador" e "Onze e meia" (este com o nome de "O circo") foram musicadas por Orlando Morais.
4. "Inverno" e "Água Perrier" são variantes de letras escritas para melodias de Adriana Calcanhotto.
5. Variante de "Ignorant Sky" foi musicada por Philip Glass.
6. "À francesa" é variante de letra escrita para melodia de Cláudio Zoli.
7. Paulo Machado musicou "Maresia".
8. Caetano Veloso musicou "Quase".
9. Arthur Nogueira musicou "Simbiose" e "Onda".

A CIDADE E OS LIVROS

(2002)

Para Marcelo e Amélia

Raum

*Noch ist Raum
für ein Gedicht*

*Noch ist das Gedicht
ein Raum*

Wo man atmen kann.

Espaço

*Ainda há espaço
para um poema*

*Ainda é o poema
um espaço*

Onde se pode respirar.
Rose Ausländer

Prólogo

Por onde começar? Pelo começo
absoluto, pelo rio Oceano,
já que ele é — segundo o poeta cego
em cujo canto a terra e o céu escampo
e o que é e será e não é mais
e longe e perto se abrem para mim —
pai das coisas divinas e mortais,
seu líquido princípio, fluxo e fim:
pois ele corre em torno deste mundo
e de todas as coisas que emergiram
das águas em que, após breves percursos,
mergulharão de novo um belo dia;
e flui nos próprios núcleos e nos lados
ocultos dessas coisas, nos quais faz
redemunhos por cujos centros cavos
tudo o que existe escoa sem cessar
de volta àquelas águas de onde surge:
não me refiro à água elementar
que delas mana e nelas se confunde
com os elementos terra, fogo e ar
mas a águas que nunca são as mesmas:
outras e outras, sem identidade
além do fluxo. Nelas só lampeja
a própria mutação, sem mais mutante:
um nada de onde tudo vem a ser,

escuridão de onde provém a luz,
tal Oceano é a mudança pura.
Mas eis que a poesia nos conduz,
feito um repuxo e a seu bel-prazer,
de volta do princípio às criaturas.

O país das maravilhas

Não se entra no país das maravilhas
pois ele fica do lado de fora,
não do lado de dentro. Se há saídas
que dão nele, estão certamente à orla
iridescente do meu pensamento,
jamais no centro vago do meu eu.
E se me entrego às imagens do espelho
ou da água, tendo no fundo o céu,
não pensem que me apaixonei por mim.
Não: bom é ver-se no espaço diáfano
do mundo, coisa entre coisas que há
no lume do espelho, fora de si:
peixe entre peixes, pássaro entre pássaros,
um dia passo inteiro para lá.

Museu de Arte Contemporânea

Fica em Boa Viagem. Disco voador
ele não é, pois não pousou na pedra
mas se ergue sobre ela; nem alça voo:
à orla de cidades e florestas
suspende-se no ar feito pergunta
e o que tem dentro mergulha e se banha
no mundo em volta e o mundo em volta o inunda:
é o museu fora de si, de atalaia
à curva do abismo, à altura das musas,
sobre o mar, sobre a pedra sobre o mar,
e sobre o espelho d'água em que se apura
sobre essa pedra um mar a flutuar,
um céu na terra, quase nada, um aire,
a flor de concreto do Niemeyer.

Alguns versos

As letras brancas de alguns versos me espreitam,
em pé, do fundo azul de uma tela atrás
da qual luz natural adentra a janela
por onde ao levantar quase nada o olhar
vejo o sol aberto amarelar as folhas
da acácia em alvoroço: Marcelo está
para chegar. E de repente, de fora
do presente, pareço apenas lembrar
disso tudo como de algo que não há de
retornar jamais e em lágrimas exulto
de sentir falta justamente da tarde
que me banha e escorre rumo ao mar sem margens
de cujo fundo veio para ser mundo
e se acendeu feito um fósforo, e é tarde.

A cidade e os livros

a d. Vanna Piraccini

O Rio parecia inesgotável
àquele adolescente que era eu.
Sozinho entrar no ônibus Castelo,
saltar no fim da linha, andar sem medo
no centro da cidade proibida,
em meio à multidão que nem notava
que eu não lhe pertencia — e de repente,
anônimo entre anônimos, notar
eufórico que sim, que pertencia
a ela, e ela a mim —, entrar em becos,
travessas, avenidas, galerias,
cinemas, livrarias: Leonardo
da Vinci Larga Rex Central Colombo
Marrecas Íris Meio-Dia Cosmos
Alfândega Cruzeiro Carioca
Marrocos Passos Civilização
Cavé Saara São José Rosário
Passeio Público Ouvidor Padrão
Vitória Lavradio Cinelândia:
lugares que antes eu nem conhecia
abriam-se em esquinas infinitas
de ruas doravante prolongáveis
por todas as cidades que existiam.

Eu só sentira algo semelhante
ao perceber que os livros dos adultos
também me interessavam: que em princípio
haviam sido escritos para mim
os livros todos. Hoje é diferente,
pois todas as cidades encolheram,
são previsíveis, dão claustrofobia
e até dariam tédio, se não fossem
os livros incontáveis que contêm.

Merde de poète

Quem gosta de poesia "visceral",
ou seja, porca, preguiçosa, lerda,
que vá ao fundo e seja literal,
pedindo ao poeta, em vez de poemas, merda.

Proteu

Helena jamais regressará.
Ao meio-dia não sairá
ela mas Proteu do mar bravio.
Quem lá estará à espreita escondido?
Tu. Não mais aguardarás Helena.
Guarda o nome, quando muito: Helena,
mas abre os braços e enlaça o Velho
que sai da espuma: abraça o leão
que ele será, segura a serpente,
cinge o bólide e a água corrente,
engole a televisão e a mata,
sê por um bom tempo o que te tente
e para sempre nada: não pregues
coisa alguma no lugar do nada.

Esse amante

Não é exatamente que esse amante
pretenda confundir-se com a amada;
o que acontece é que, no mesmo instante
em que, lúcido e lúbrico, prepara,
com circunspecto engenho e arte, a entrega
da mulher, ele saboreia o gesto,
gemido ou tremor que observa, e interpreta
cada sinal de volúpia nos termos
da sua própria carne. Discernir-se
dela, ao olhá-la, e achá-la em si são lados
reversos da mesma moeda. Ei-lo
que, com o fim de seus anseios nos seios
das suas mãos, vê-se compenetrado
e entregue a um gozo que quiçá se finge.

Don'Ana

Don'Ana vinha lá do Norte, de onde
haviam vindo meus avós e pais
decerto em busca de outros horizontes
no tempo em que eu não tinha nem nascido.
Mas se eu nascera havia tanto tempo
que meu passado se perdera em brumas
rasteiras e longínquas no horizonte,
o dela já pairava além e acima
do nosso e não o afligia mais
neblina alguma. Quando o apontava
com seu sotaque aberto, como não
o reconheceríamos no céu
qual corpo sideral ou então, quem sabe,
arredondada

(e ela mesma era
arredondada. Rememoro-a não
por ser excepcional mas arquetípica;
ou, paradoxalmente, tenho-a como
excepcional pela exemplaridade
esplêndida da sua solidez:
não propriamente a solidez somática,
mas sobretudo a solidez de toda
essa existência tão bem acabada

e, ousarei dizer, perfeita em sua
imperfeição, assim como um retrato
de si, já que um retrato pode ser
perfeito ainda quando assim não seja
o retratado. Devo confessar
porém que nada sei de perfeição.
Não se acha cerne em nós, tudo é roupagem,
e quando fossem sonhos estas mãos
e braços, olhos, carnes, sangue; e quando,
por trás do que é balofo, bambo ou mole,
a máquina gongórica dos membros
se dissolvesse em água, ar e sombra:
além do espelhamento e aquém do nada,
que resplandeceria dos despojos?)

arredondada, constelada, cálida,
a própria noite, a noite em si, a noite
da caatinga, em cujas trevas trava
o medo: e arrepiados já sentíamos
o bafo quente dessas suas brenhas
e ouvíamos refrulhos, ruflos, bulhas,
farfalhos e murmúrios entre estrídulos
cri-cris e caga-lumes e chirrios
e súbito um minuto de silêncio,
talvez um esturro, uns uivos muito longe,
e a morte (que era a morte?) de tocaia.

Francisca

Francisca veio lá do Piauí
quando era ainda quase uma criança
e já chegou sonhando em retornar
e cultivar em meio a certas brenhas
algum roçado junto à sua mãe,
pois lá ficara o mundo de verdade:
o sol a chuva a noite a festa a morte.

Um certo norte está onde ela está,
em frente à praia de Copacabana,
onde ela faz cuscuz, beiju ou peta,
e seu sotaque não sei se é mais forte
quando ela ralha com o feirante esperto
ou quando prosa com a mãe ausente
ou o sabiá pousado em sua mão.

Entre o Nordeste que deixou na infância
e o Sul que nunca pareceu real,
Francisca tem saudade de uns lugares
que passam a existir quando ela os pinta:
são mares turquesinos e espumantes
em frente a uns casarões abandonados
que, não sei bem por quê, nos desamparam.

Antigo verão

a Oscar Ramos

Primeiro a praia, depois uma estreia,
depois o Baixo, e finalmente a festa
de madrugada, numa cobertura:
e eis que as nuvens a cobrir a lua
e o Corcovado já se dispersavam,
auspiciando uma manhã de praia
para um rapaz que àquela altura era
o derradeiro barco pra Citera.

O grito

Estou acorrentado a este penhasco
logo eu que roubei o fogo dos céus.
Há muito tempo sei que este penhasco
não existe, como tampouco há um deus
a me punir, mas sigo acorrentado.
Aguardam-me amplos caminhos no mar
e urbes formigantes a engendrar
cruzamentos febris e inopinados.
Artur diz "claro" e recomenda um amigo
que parcela pacotes de excursões.
Abutres devoram-me as decisões
e uma ponta do fígado mas digo
E daí? Dia desses com um só grito
eu estraçalho todos os grilhões.

Deus ex machina

Farei ainda mais um decassílabo
e mais um soneto e ainda por cima
invocarei, só por questão de rima,
figuras mitológicas, feito Ícaro,

cativo do labirinto que Dédalo,
seu pai, artífice também das asas
que brindariam ao filho, bipétalo,
seu mergulho no azul, arquitetara.

Dédalo explicou a precariedade
do artefacto de papel e casqueira,
geometria mística e goma-arábica

solúveis ao sol. Mas agora é tarde
e rasga a geringonça o céu à beira
do nada
    seu destino
      sua dádiva

Tâmiris

Jamais poeta algum houve mais alto
do que Tâmiris, o trácio, rival
de Orfeu, cujo canto é capaz de dar
saudade do que nunca nos foi dado
salvo reflexo em verso de cristal.
Se um mortal alcançasse ser feliz,
tal seria Tâmiris: quem o vir
deitado sobre a grama com o rapaz
(digno, pela beleza, de dormir
nos braços do próprio Apolo) que o ama
e cujos cabelos Zéfiro afaga
com dedos volúveis, há de convir
comigo em que é assim, a menos que haja
visto, no rio em que agora mergulham
ou na relva que ao sol dourada ondula
no antebraço do moço à beira d'água
ou na ode em que essa manhã fulgura
e foge para sempre, agora e aqui
refolharem-se o passado, o porvir,
o alhures: tantas trevas na medula
da luz. Já Tâmiris quer possuir
as Musas que o possuem. É seu fado
desafiá-las e perder: insensato,
esplêndido, cego, cheio de si.

Canção do prisioneiro

Mesmo preso em minha cela,
reconheço os passos dela.
Não costumo me enganar.
Ela vem bem devagar,
quase parando, e talvez
qualquer dia pare mesmo,
dê uma volta, e era uma vez.
Ela finge andar a esmo
e de quatro em quatro passos
arrasta no chão o salto
de um dos seus sapatos altos.
Já está perto. Abro meus braços.
O carcereiro abre a cela
vizinha. Não era ela.

Canção de Paulo

Eu quis fazer um poema
que fosse a fotografia
do meu amor: o problema
é que quando ela sorria,
posava, dizia "agora"
e a terra se iluminava
toda do lado de fora,
do lado de dentro a lava,
não cabendo mais no centro,
provocava um terremoto
gostoso, tendo o epicentro
em meu sexo, e aí tremia
tudo na hora da foto,
ou melhor, da poesia.

Canção do amor impossível

Como não te perderia
se te amei perdidamente
se em teus lábios eu sorvia
néctar quando sorrias
se quando estavas presente
era eu que não me achava
e quando tu não estavas
eu também ficava ausente
se eras minha fantasia
elevada à poesia
se nasceste em meu poente
como não te perderia

Canto XVII

Dourado ao sol
ao fundo azul de abril
sentindo a brisa
e a chispa em si
racha-lhe a testa o chumbo de uma bala
e uma pasta de miolo e sangue escorre pela fresta
e ele cai com baque seco à terra e morde o pó.
Anoiteceu
tão longe de Larissa e de seu pai desamparado e só.
Tinha por sua a glória mineral do céu.

Aufklärung

A propósito do costume
talionador de executarem-se
os condenados nos lugares
em que se sabe ou se presume
terem cometido algum crime,
Montaigne pensa que os pobres-diabos
a caminho do cadafalso
mal tenham olhos para o tigre
da alvorada, a saltar do fundo
da noite e afundar na pintura
do dia.
Eis o sol: com a cara
na vidraça da van, calculo
o ouro diáfano e a doçura
dessa manhã que me afanaram.

Obsessão 1

Algumas coisas na terra

— como certa praia oculta
do mundo por árduas serras,
alcantiladas e plúmbeas,
e protegida de acesso
marítimo por escolhos
onde escuma um mar possesso,
que depois, tranquilo e morno
dos corais até a areia
(cuja finura seduz)
por água tem luz azul —

que permaneçam secretas
e inacessíveis, senão
a alguma imensa obsessão.

Obsessão 2

A nascente desse rio-
-gigante está numa mata
densa que nenhuma estrada
corta, e não há nenhum risco
de que corte, pois, a cada
agressão que sofre, a selva
vinga ainda mais espessa
e intratável, e arrecada
um tributo mais macabro
das vidas dos insolentes:

e ela fica assim, latente,
a jorrar de pedra ou barro,
inacessível senão
a alguma imensa obsessão.

A luta

À noite inteira sozinho
do lado de lá do rio
lutava comigo um homem
e ninguém prevalecia.

Deixa-me ir que já rompe
o dia,

de manhãzinha
ele me disse mas eu
perguntei: "Como te chamas?"

Sou desses anjos que Deus
arranca do próprio nada
diariamente, às carradas,
para algum dia cantar
uma canção jubilosa
e depois devolve ao nada.
Deixa-me ir porque já
é chegada a minha hora.

Larguei-o e ele foi embora
de cara suja e sem asa
e eu cá pra casa mancava
sombrio, à luz cor-de-rosa.

Vitrine

Que divisa o olhar desse moreno?
Namora os tênis atrás da vitrine?
Ou a vidraça que os devassa e inibe
os seus reflexos serve-lhe de espelho
e ele recai na imagem de si mesmo,
igualmente visível e intangível?
É assim tantálica que ela me atinge
obliquamente e ao mesmo tempo em cheio
e mesmeriza, e sinto meio como
se eu o despisse e ele mal percebesse.
Quando olha para trás um instante, atino
sonhar e, salvo engano, ter nos olhos
cacos de um campo de futebol verde
feito o pano das mesas dos cassinos.

Nênia

A morte nada foi para ele, pois enquanto vivia não havia a morte e, agora que há, ele já não vive. Não temer a morte tornava-lhe a vida mais leve e o dispensava de desejar a imortalidade em vão. Sua vida era infinita, não porque se estendesse indefinidamente no tempo, mas porque, como um campo visual, não tinha limite. Tal qual outras coisas preciosas, ela não se media pela extensão mas pela intensidade. Louvemos e contemos no número dos felizes os que bem empregaram o parco tempo que a sorte lhes emprestou. Bom não é viver, mas viver bem. Ele viu a luz do dia, teve amigos, trabalhou, amou e floresceu. Às vezes anuviava-se o seu brilho. Às vezes era radiante. Quem pergunta quanto tempo viveu? Viveu e ilumina nossa memória.

História

A história, que vem a ser?
Mera lembrança esgarçada
algo entre ser e não-ser:
noite névoa nuvem nada.
Entre as palavras que a gravam
e os desacertos dos homens
tudo o que há no mundo some:
Babilônia Tebas Acra.
Que o mais impecável verso
breve afunda feito o resto
(embora mais lentamente
que o bronze, porque mais leve)
sabe o poeta e não o ignora
ao querê-lo eterno agora.

Ônibus

a Eucanaã Ferraz

São oito horas da noite, véspera
da véspera de outro Natal.
Já não há lâmpadas feéricas
vindas da China a iluminar
as ruas. O racionamento
as eliminou. Um só ônibus
dá-se a tal luxo e vai aceso,
vestido de lâmpadas, pródigo
da luz que lhe enquadra as janelas
por onde à contraluz se enxergam
os seus sombrios passageiros
voltando mortos para casa:
longa meândrica jornada
através de um obscuro espelho.

Huis clos

Da vida não se sai pela porta:
só pela janela. Não se sai
bem da vida como não se sai
bem de paixões jogatinas drogas.
E é porque sabemos disso e não
por temer viver depois da morte
em plagas de Dante Goya ou Bosch
(essas, doce príncipe, cá estão)
que tão raramente nos matamos
a tempo: por não considerarmos
as saídas disponíveis dignas
de nós, que, em meio a fezes e urina
sangue e dor, nascemos para lendas
mares amores mortes serenas.

Medusa

Cortei a cabeça da Medusa
por inveja. Quis eu mesmo o olhar
sem olhos que vê e se recusa
a ser visto e desse modo faz
das demais pessoas pedras: pedras
sim, preciosas, da mais pura água,
onde o olhar mergulha até a medula,
diáfanas, translúcidas, cegas.
Refleti muito, antes. Na verdade
estes meus olhos provêm de carne
de mulher, não do nada imortal
da divindade. Como encarar
com eles a Górgona? Mas mal
pensando assim, lembrei ser mortal
ela também: e seu pai é um deus
do mar, mas eu sou filho de Zeus.
Mesmo assim não quis enfrentá-la olhos
nos olhos. Peguei emprestado o espelho
da minha irmã e adentrei o cômodo
da Medusa de soslaio, vendo
tudo por reflexos: o seu corpo
em terceiro plano, atrás de heróis
de pedra e dos meus olhos esconsos
em primeiríssimo. Eis o corte
da lâmina especular: do lado

de cá eu, sem corpo, a olhar; do outro
lado eu, olho olhado, olho enviesado
e rosto e corpo entre muitos corpos,
um dos quais o dela. A mesma lâmina
decapitou-a também: do lado
de cá guardo seu olhar e faina;
e lá jaz seu vulto desalmado.
Mas nada é tão simples. Do pescoço
cortado nasceu um cavalo de asas
(é que o deus do mar a engravidara)
e mergulhou no horizonte em fogo
crepuscular. Contam que, no monte
Hélicon, seu coice abriu uma fonte.
A ser não sendo, de madrugada
levanto com sede dessa água.

Perplexidade

Não sei bem onde foi que me perdi;
talvez nem tenha me perdido mesmo,
mas como é estranho pensar que isto aqui
fosse o meu destino desde o começo.

Os ilhéus

Uma sombra pode vir do céu,
imponderável como as nuvens
e cair no dia feito um véu
ou a tampa de um ataúde.
E nada impede que se afundem
neo-Atlântidas e arranha-céus
ou que nossas cidades-luzes
submersas se tornem mausoléus.
Em arquipélagos, os ilhéus
pisarão ruínas ao lume
do mar, maravilhados e incréus
e devotados a insolúveis
questões, espuma, areia, fúteis
e ardentes caminhadas ao léu.

Buquê

a Sérgio Luz

Ó Sérgio, Sérgio, somos ainda
crianças. Nossas almas são novas.
Não chegamos a adquirir antigas
ciências. Dizem que o que destroça
de tempos em tempos nossas crenças
são catástrofes, que nos impedem
de amadurecer. Mas quem se lembra
mesmo ou se importa se, ao que parece,
o que nasceu merece morrer?
Desprezar a morte, amar o doce,
o justo, o belo e o saber: esse é
o buquê. Ontem nasceu o mundo.
Amanhã talvez pereça. Hoje
viva o esquecimento e morra o luto.

Declaração

Quantas vezes lhe declarei o meu amor?
Declarei-o verbalmente inúmeras vezes
e o declaram todos os meus gestos tendentes
a você: a minha língua, a brincar com o som
do seu nome, Marcelo, o declara; e o declaram
os meus olhos felizes quando o veem chegar
feito um presente e de repente elucidar
a casa inteira que, conquanto iluminada,
permanecia opaca sem você; e quando,
tendo apagado todas as lâmpadas, juntos,
no terraço, nos consignamos aos traslados
dos círculos do relógio do céu noturno
ou aos rios de nuvens em que nos miramos
e nos perderemos, declaro-o no escuro.

As livrarias

a Alberto Mathias

Ia ao centro da cidade
e me achava em livrarias,
livros, páginas, Bagdad,
Londres, Rio, Alexandria:

Que cidade foi aquela
em que me sonhei perder
e antes disso acontecer
aconteceu-me perdê-la?

Sair

Largar o cobertor, a cama, o
medo, o terço, o quarto, largar
toda simbologia e religião; largar o
espírito, largar a alma, abrir a
porta principal e sair. Esta é
a única vida e contém inimaginável
beleza e dor. Já o sol,
as cores da terra e o
ar azul — o céu do dia —
mergulharam até a próxima aurora; a
noite está radiante e Deus não
existe nem faz falta. Tudo é
gratuito: as luzes cinéticas das avenidas,
o vulto ao vento das palmeiras
e a ânsia insaciável do jasmim;
e, sobre todas as coisas, o
eterno silêncio dos espaços infinitos que
nada dizem, nada querem dizer e
nada jamais precisaram ou precisarão esclarecer.

Notas

1. Marina Lima adaptou os poemas "Don'Ana" e "Francisca" para a letra da canção "Francisca (Me diga)".
2. José Miguel Wisnik musicou "Os ilhéus".
3. Bruno Cosentino musicou "Canção do amor impossível".
4. Arthur Nogueira musicou "Antigo verão".

PORVENTURA

(2012)

Para Marcelo Pies

La poésie est indispensable,
mais je ne sais pas à quoi.

Jean Cocteau

Balanço

A infância não foi uma manhã de sol:
demorou vários séculos; e era pífia,
em geral, a companhia. Foi melhor,
em parte, a adolescência, pela delícia
do pressentimento da felicidade
na malícia, na molícia, na poesia,
no orgasmo; e pelos livros e amizades.
Um dia, apaixonado, encarei a minha
morte: e eis que ela não sustentou o olhar
e se esvaiu. Desde então é a morte alheia que
me abate. Tarde aprendi a gozar
a juventude, e já me ronda a suspeita
de que jamais serei plenamente adulto:
antes de sê-lo, serei velho. Que ao menos
os deuses façam felizes e maduros
Marcelo e um ou dois dos meus futuros versos.

Hora

a Alex Varella

Ajax não pede a Zeus pela própria
vida mas sim que levante as trevas
e a névoa a cobri-lo e aos seus em Troia:
que tenha chegado a sua hora
sim! Mas não obscura: antes à plena
luz do dia e sua justa glória.

O poeta cego

Eis o poeta cego.
Abandonou-o seu ego.
Abandonou-o seu ser.
Sem ser nem ver ele verseja.

Bem antes do amanhecer
Em seus versos talvez se veja
Diverso de tudo o que seja
Tudo que almeja ser.

O poeta marginal

Em meio às ondas da hora
e às tempestades urbanas
conectarei as palavras
que trovarão novas trovas.
Lerei poemas na esquina,
darei presentes de grego;
a cochilar com Homero,
farei negócios da China.
Exporei tudo na rede
sem ganhar nem um vintém:
a vaidade, a fome, a sede,
certo truque, rara mágica.
Que não se engane ninguém:
ser um poeta é uma África.

O poeta lírico

Não sei contar histórias. Minha prima,
Corina, que sabe fazê-lo, disse
ser esse defeito a causa ostensiva
do que, em falso tom de corriqueirice,
ela se deleita em qualificar
de "o óbvio malogro" das minhas lides
poéticas. Tive que concordar,
pois, por não sei que artes de berliques e
berloques, ela me criticava
com um argumento do próprio Filósofo
— para ela anacrônico e monótono —
em cuja obra-prima eu mergulhara
tempos atrás — e a fundo — e ela nada.
Eu morreria se tivesse um óbolo.

Desejo

Só o desejo não passa
e só deseja o que passa
e passo meu tempo inteiro
enfrentando um só problema:
ao menos no meu poema
agarrar o passageiro.

A mulher com crisântemos
(*sobre um quadro de Degas*)

a Carlos Mendes Sousa

As flores transbordam do seu vaso à mesa,
um pouco à esquerda da tela cujas beiras
por pouco não ultrapassam, invadindo
a moldura. Também o seu colorido
quase abandona a paleta da pintura
(é que o jovem mestre ostenta *sprezzatura*),
mas apenas quase. O olhar passa por elas,
pousa aqui, pousa ali, hesitante abelha,
visita, à esquerda do vaso, um jarro d'água,
nota um lenço largado sobre a toalha
bordada da mesa e ruma ao lado oposto
da tela, para uma mulher cujos olhos
ignoram-no, atraídos talvez por algo
que se acha fora não somente do quadro
em que ela se encontra, mas também daquele
em que nos perceberia, se quisesse.
Sem saber por quê, o olhar não mais a
quer largar. Diga-se a verdade: essa mulher
deixa a desejar. Ela não se compara
aos crisântemos que lhe deram a fama
a que mal faz jus, já que se encontra à margem
do quadro, e nem sequer inteira, só em parte.
Dela está bem mais presente ali a ausência
que a presença. E, dado que a ausência é proteica

e tudo nada, o olhar mal mergulha em sua
vertiginosa superfície e flutua
de volta às flores sobre o fundo castanho
do papel de parede; depois, da capo.

Auden e Yeats

Eu exaltaria Auden,
viajante atormentado,
dialético e bizarro,
e lhe faria uma ode
se a tanto minha perícia
e minha audácia bastassem.

Ou quem sabe, Yeats, numa tarde
feito esta, tão vadia,
possa a leitura da tua
poesia, pura Musa,
inspirar a minha arte
se eu lhe implorar: Poesia,
na prisão destes meus dias
ensina-me a elogiar-te.

Síntese

PAI MÃE

CÉU CHÃO

MÃE CÉU

PAI XÃO

Diamante

O amor seria fogo ou ar
em movimento, chama ao vento;
e no entanto é tão duro amar
este amor que o seu elemento
deve ser terra: diamante,
já que dura e fura e tortura
e fica tanto mais brilhante
quanto mais se atrita, e fulgura,
ao que parece, para sempre:
e às vezes volta a ser carvão
a rutilar incandescente
onde é mais funda a escuridão;
e volta indecente esplendor
e loucura e tesão e dor.

Palavras aladas

Os juramentos que nos juramos
entrelaçados naquela cama
seriam traídos se lembrados
hoje. Eram palavras aladas
e faladas não para ficar
mas, encantadas, voar. Faziam
parte das carícias que por lá
sopramos: brisas afrodisíacas
ao pé do ouvido, jamais contratos.
Esqueçamo-las, pois, dentre os atos
da língua, houve outros mais convincentes
e ardentes sobre os lençóis. Que esses,
em futuras noites, em vislumbres
de lembranças, sempre nos deslumbrem.

Definição ostensiva

Cerúleo:
o céu
o mar
os olhos dos alemães
os cabelos dos indianos
a noite
a morte

Amazônia

Não queira, Silviano, que eu cante a selva
amazônica ou mesmo o rio Amazonas,
cujo silêncio a fluir às minhas costas
no entanto escuto às vezes, imerso em trevas.
Em minhas veias, é certo, corre o sangue
selvagem das amazonas e os meus traços caboclos
traem os maranhões; mas trago,
como herança dos ancestrais, não saudade
da floresta, mas da cidade almejada.
A Amazônia quer versos heroicos e épicos,
não os meus líricos, eróticos, céticos
e tão frívolos que nem sequer reparam
se pararam nas palavras ou nas coisas
e não raro tomam aquelas por estas
e a árvore pelas florestas e aquela
pela palavra e por fim ficam nas moitas.
É verdade que me fascinam os rios
paradoxais e a figura de Orellana,
expulso por amazonas emboscadas
há muito tempo entre as florestas e os símbolos,
a cultuar Ares, o terrível deus
da guerra: terrível sim, porém não tanto
quanto Afrodite, que uma vez quis prová-lo
no leito e o domou e o dobrou e o comeu;
nem tão tremendo quanto Hefesto, o marido

da deusa, deus das técnicas e do fogo,
que, nem belo nem rápido, sendo coxo,
agarrou o adúltero Ares, o arisco,
e a dourada Afrodite na própria cama,
sobre a qual trançara inquebrantáveis fios
aracnídeos, deixando os amantes fixos
nessa fração de segundo que sonhavam
perpetuar; e que ao ser perpetuada
virou tortura: pois como ser repouso
o gozo, movimento vertiginoso,
cheio de fervor e suor, rumo ao nada?
Convidado por Hefesto, todo o Olimpo
assistiu ao espetáculo do enlace
de Ares e Afrodite e ecoou toda a tarde a
gargalhada dos deuses. A pedido
do deus do mar, porém, Hefesto os soltou.
Ares, humilhado, fugiu para a frígida
Trácia, e ela, com um sorriso, para a ilha
de Chipre, cercada de um mar furta-cor, onde as
graças lhe prepararam um banho
perfumado, esfregaram à sua pele
o óleo ambrosíaco com que a tez dos deuses
esplende, vestiram-lhe um robe... e reparo:
terríveis são, mais do que os deuses, Demódoco
a flagrar a cena inteira com seu estro,
e Homero, a nos prender em teias de versos
entre a Feácia e o Olimpo. Recordo-os
e esqueço a que ponto me perdi da selva
dos meus ancestrais. Que não me guardem mágoa
nossas amazonas. Filho da diáspora

e dos encontros fortuitos, o poema
me esclarece: toda origem é forjada
no caminho cujo destino é o meio.
Feito o Amazonas, surjo do deserto,
mas dos afluentes eu escolho as águas.

Nihil

nada sustenta no nada esta terra
nada este ser que sou eu
nada a beleza que o dia descerra
nada a que a noite acendeu
nada esse sol que ilumina enquanto erra
pelas estradas do breu
nada o poema que breve se encerra
e que do nada nasceu

Meio-fio

Domingo à noite, ao cinema,
à comédia americana
do Roxy, em Copacabana:
que melhor estratagema
para vencer a acedia
domingueira, num programa —
sonorama, cinerama —
com um toque de nostalgia,
drops e ar-condicionado,
e um trailer de aperitivo
(que filme é mais incisivo
que o somente insinuado?)

Mas, na Barão de Ipanema
com a Domingos Ferreira,
eis que fazemos besteira
a um quarteirão do cinema:
é que, à procura de vaga,
não vemos que vem um carro
na transversal, e o esbarro
não é grande, mas estraga
os planos. Resta esperar,
ao meio-fio, a perícia.

Mas a noite, com a malícia
e a fluidez de um jaguar,
nada espera. Da avenida
Atlântica, a maresia,
cio marinho, alicia
para outras eras da vida.

Presente

a Eucanaã Ferraz

Por que não me deitar sobre este
gramado, se o consente o tempo,
e há um cheiro de flores e verde
e um céu azul por firmamento
e a brisa displicentemente
acaricia-me os cabelos?
E por que não, por um momento,
nem me lembrar que há sofrimento
de um lado e de outro e atrás e à frente
e, ouvindo os pássaros ao vento
sem mais nem menos, de repente,
antes que a idade breve leve
cabelos sonhos devaneios,
dar a mim mesmo este presente?

Poema

Segredo não é, conquanto oculto;
mas onde oculto, se o manifesta
cada verso seu, cada vocábulo,
cada sílaba, cada fonema?

O livro de sombras
de Luciano Figueiredo

I

Para onde vou, de onde vim?
Não sei se me acho ou me extravio.
Ariadne não fia o seu fio
à frente, mas atrás de mim.
Não será a saída um desvio
e o caminho o único fim?

II

Não é hora de regressos
Não é hora

III

É certo que me perco em sombras
e que, isolado em minha ilha,
já não me atingem as notícias
dos jornais a falar de bolsas,
modas, cidades que soçobram,
crimes, imitações da vida
ou da morte televisiva,

quadrilhas, teias penelópicas
de horrores ou de maravilhas
que dia a dia se desfiam
e fiam sem princípio ou fim
novíssimas novas artísticas,
científicas, estatísticas...

E há na noite quente um jasmim.

IV

É aqui, mais real que as notícias, na própria
matéria, na dobradura de uma folha
em que se refolha este meu coração
babilônico, na configuração
da mancha gráfica sobre a tessitura
do papel tensionado, ou onde se apura
o lusco-fusco produzido por linhas
e entrelinhas, entre o preto e o branco e o cinza,
onde cada ideia, cada ponto e vírgula
dos trabalhos e das noites se confunde
com miríades de pontos de retícula
e meios-tons de clichês, entre o passado
que jamais está passado e alguns volumes,
linhas e planos apenas esboçados,
que súbito os elementos mais dispersos
se articulam, claro-escuro filme negro,
entre a pura matemática, o acaso
e a arte (esta árvore já foi vestido

de mulher): onde o delírio é mais preciso
transparece o meu jornal imaginário.

V

Para onde vou, de onde vim?
Não sei se me acho ou me extravio.
Ariadne não fia o seu fio à frente, mas atrás de mim.
Não será a saída um desvio
e o caminho o único fim?

Blackout

Passo a noite a escrever.
Do lado de lá da rua
poderia alguém me ver,
daquele prédio às escuras,
em frente ao meu, e mais alto.
Que voyeur me espiaria?
De interessante, só faço
escrever. Ele veria
decerto a parte traseira
do computador; talvez,
daquela outra janela,
avistasse, de viés,
o lado esquerdo da minha
face de perfil; jamais
entretanto enxergaria
certos versos de cristal
líquido que, mal secreto
com o sal do meu suor,
já anunciam segredos só
meus e de algum leitor
que partilhará comigo
o paraíso e o desterro,
o pranto que vem do riso,
o acerto que vem do erro.

Disso tudo, meu vizinho
nem de longe desconfia.
Mas e se ele, tendo lido
meus lábios, que pronunciam
o que na tela está escrito,
perceber-se desterrado
não só do meu paraíso:
do meu desterro, coitado?
E se ele a tudo atentar
e por inveja e recalque
me der um tiro de lá?
Melhor fechar o blackout.

Consegui

eis o que consegui:
tudo estava partido e então
juntei tudo em ti

toda minha fortuna
quase nada tudo muitas coisas
numa

só:
eu quis correr esse risco antes de virar
pó:

juntar tudo em ti:
toda joia todo pen drive todo cisco
tudo o que ganhei tudo o que perdi

meu corpo minha cabeça meu livro meu disco
meu pânico meu tônico
meu endereço
eletrônico

meu número meu nome meu endereço
físico
meu túmulo meu berço

aquela aurora este crepúsculo
o mar o sol a noite a ilha
o meu opúsculo

meu futuro meu passado meu presente
meio aqui
e meio ausente

meu continente meu conteúdo
e além de todo o mundo
também tudo o que é imundo tudo

o medo e a esperança
algo que fica
algo que dança

o que sei o que ignoro
o que rio
e o que choro

toda paixão
todo meu ser
todo meu não

tudo estava perdido e aí
juntei tudo
em ti

Leblon

a Adriano Nunes

O menino olha para o mar:
lá no fundo ele se funde ao céu;
mas atrás há um muro e aquém do olhar
pulsam sangue e morro e mata e breu.

O fim da vida

Conhece da humana lida
a sorte:
o único fim da vida
é a morte
e não há, depois da morte,
mais nada.
Eis o que torna esta vida
sagrada:
ela é tudo e o resto, nada.

La Capricciosa

a Roberto Correia Lima, meu irmão
in memoriam

É claro que estou exposto
eu como todos os outros
animais às intempéries
que cedo ou tarde nos ferem;
mas aqui a noite, seda,
suavemente me enleia:
espelhos olhares vinhos
uvas cachos rosas risos
e ali, do lado de lá
das lâminas de cristal
tão tranquila e cintilante
quanto o céu, sonha a cidade.

Desperta-me um celular:
a morte também tem arte.

Fedra

EM TEU NOMEN

O FILLE

SIDERADA

DE MINOS ET DE PARSIPHAÉ

BRILHAM AS TREVAS

MEDRAM

OS

DES

ASTROS

OS

DE

SIDERIOS

DE TEU ATRO SANGRE

A morte de Arquimedes de Siracusa

Os equilíbrios dos planos, as quadraturas
das parábolas, os cálculos da areia,
das esferas, dos cilindros e das estrelas:
nada do que realizei se encontra à altura
do que há por fazer. A matemática é longa,
a vida breve; e logo agora Siracusa,
sitiada, quer alavancas, catapultas,
dispositivos catóptricos, cuja obra
suga meu sangue, que é meu tempo. Por milagre,
hoje deixaram-me em paz. Na garganta trago
intuições por formular: áspero e amargo
pássaro engasgado. Nas paredes não cabe
mais diagrama algum. Traço-os no chão do períbolo,
na terra. Quem vem lá? Não pises nos meus círculos!

Na praia

Na praia — parece que foi ontem —
ficávamos dentro d'água eu,
Roberto, Ibinho, Roberto Fontes
e Vinícius, a água era um céu,
e voávamos nas ondas trans-
parentes, deslizantes, do azul
mais profundo do fundo ciã
do oceano Atlântico do sul.
Mas era outro século: Roberto
morreu, morreu Vinícius, Roberto Fontes
quase nunca vejo, e Ibinho
casou e mudou. Já não procuro
o azul. Os mares em que mergulho
são os homéricos, cor de vinho.

Muro

E se um poema opaco feito muro
te fizer sonhar noites em claro?
E se justo o poema mais obscuro
te resplandecer mais que o mais claro?

Cidade

a Arthur Nestrovski

Lembro que o futuro era uma cidade
nebulosa da qual eu esperava
tudo e que, sendo uma cidade, nada
esperava de ninguém. Ah, cidade
sonhada de avenidas macadâmicas,
turbas febris e prédios de granito:
o que era que eu perdera e que, perdido
e em cacos, buscava nas tuas áridas
calçadas e esquinas? Hoje constato
que a névoa do futuro do passado
adensa-se dia a dia. De longe
teus contornos são mais arredondados.
Tu, cidade irreal, aos poucos somes:
já anseio te rever e já te escondes.

Aparências

Não sou mais tolo não mais me queixo:
enganassem-me mais desenganassem-me mais
mais rápidas mais vorazes e arrebatadoras
mais volúveis mais voláteis
mais aparecessem para mim e desaparecessem
mais velassem mais desvelassem mais revelassem
mais re-
velassem
mais

eu viveria tantas mortes
morreria tantas vidas
jamais me queixaria
jamais.

Prova

a José Miguel Wisnik

I

Traçada em vermelho-sangue, a nota, sob
o triângulo retângulo formado
por uma dobra ao canto superior
direito da folha de papel almaço
pautado que suportara aquela prova
final de matemática, reprovava-o.
Justa recompensa para quem em toda
aula, refolhando-se em si mesmo, sáfaro,
ensimesmado e contudo alienado
de si, não reconhece jamais a imagem
pura que dele o duro espelho cifrado
da matemática, ao refletir, refrange.
Distrai-se a ouvir sirenes, risos de moças
lá longe, lotações, bondes, bicicletas
a fugir da escola rumo a nebulosas
destinações. Vê que esqueceu a caneta.
Acha um toco de lápis que com os dentes
e as unhas aponta e, surdo para leis
que alguém que não ele mesmo delibere —
gênio, deus, demônio, anjo, monstro ou rei —,
debruça-se em seu caderno a rabiscar
quiçá uma gramática especulativa
ou uma característica universal

excogitada por via negativa
e abstrusa, e acintosamente descura
das matérias do curso e dos professores
e alunos que o cercam e jamais capturam.

II

A sineta toca. Pelos corredores
pensa no pai, na mãe, na avó, no vexame
e na decepção de todos. Seu fastio
é enorme: despreza a vida e a gravidade
com que a encaram. Pondera o suicídio
e se sente mais leve. Pode atirar-se
do terraço do prédio do consultório
do seu dentista, alto sobre a cidade.
Fora da escola toma um sorvete e um ônibus
até o ponto final, no Centro. Caminha
até o edifício, pega o elevador
até o último andar, depois ainda
galga um lance de escadas e alcança ao pôr do sol
a cidade alâmbar a seus pés.
Decide escrever uma carta ou uma nota
no próprio papel da prova, mas cadê
o toco de lápis? Largara-o na escola.
Resolve deixar para alguma outra hora
o suicídio. Dobra o papel, desdobra,
dobra e o solta a dar voltas, revoltas, voltas
acima de todas as coisas, gaivota.

As flores da cidade

Há flores pelo caminho através
da cidade à cidade: naturais,
em canteiros e em árvores, talvez,
mas quase todas artificiais
nos cabelos dos bebês, em cachorros
mimados, em vitrines e revistas
femininas, em cartazes e outdoors,
e — de novo naturais — em floristas,
camelôs na calçada e, sobretudo,
nas mãos do entregador de flores, cujo
olhar esverdeado sobre as rosas
é puro absinto e tudo nos deslembra,
lançando-nos dúvidas hiperbólicas
sobre o próprio destino a uma hora dessas.

Valeu

Vida, valeu.
Não te repetirei jamais.

Ícaro

Buscando as profundezas do céu
conheceu Ícaro as do mar

Adeus poeira olímpica
grãos da Líbia
barcos de Chipre

Adeus riquezas de Átalo
vinhos do Mássico
coroas de louro
flautas e liras

Adeus cabeça nas estrelas
adeus amigos
mulheres
efebos
adeus sol:
ouro algum permanece.

Longe

a Susana Moraes

A chuva forte, o resfriado
real ou fingido, e eis-me livre
da escola e solto no meu quarto,
nos lençóis, nos mares de Chipre
ou no salão de Anna Pavlovna
ou no de Alcínoo, nas cavernas
de Barabar ou sob a abóbada
de Xanadu; perplexo em Tebas
e pelas veredas ambíguas
do sertão do corpo da língua,
cada vez mais longe de escolas
e de peladas e de bolas
e de promessas de futuros,
é mesmo errático meu rumo.

3h47

Bem que Horácio dizia
preferir dormir bem
a escrever poesia.

Notas

1. Adriana Calcanhotto musicou o poema "Nihil" (este com o nome de "Nada").
2. Variantes dos poemas "Amazônia" e "Consegui" foram musicadas por Arthur Nogueira.

ESPARSOS E INÉDITOS

Truques

mas, pensando bem, talvez haja uns truques sim,
que aprendi com alguém e que posso tentar
lhe ensinar

se você também ficar oprimida assim, como eu
fiquei, quando a gente quis dar um tempo
naquele amor,

dê uma volta, mesmo a pé, pelo tempo e vá
de Atlântida a Ítaca, passando pelo
Jardim de Alah

e, se depois, você ficar tão sozinha lá
no polo Norte quanto eu fiquei no centro
do polo Sul,

faça um sinal e eu irei a seu encontro, só
pra penetrar, quente e silenciosamente,
no seu iglu

siga à risca as instruções, procurando
ser um pouquinho mais sábia, até pra curtir
se enganar

2015

A hora certa

Certas coisas acabam na hora certa:
mas essas são tão raras;
pois quase todas as coisas se enterram
bem antes de acabadas,
esboços de si mesmas, ou então
depois da própria morte,
em estado de decomposição:
por exemplo, os amores,
os ideais, a juventude, as vidas
dos animais, dos seres
humanos e dos deuses, os poemas...
Mas viva na memória o que consiga
inesperadamente
chegar ao próprio termo na hora certa.

2017

A vida e eu

A vida era por mim apaixonada.
Eu mal a via, mal tratava porque a tinha
desde sempre já
e o seu amor era mais certo do que o céu
que eu respirava,
mais perto do que o chão que eu pisava
ou dos corpos que abraçava.
E não é logo, é só aos poucos, lenta,
lentamente
que o amor de menos de um mata o amor
de mais do outro.
Assim, foi só aos poucos, sem que eu
percebesse logo em suas distrações,
foi lentamente enfim que a santa vida
pouco a pouco se afastou de mim.

2016

À deriva

Anda cada vez mais longe o rapaz
que amei, mas a imaginação o traz
de volta. Sei que um dia eu o terei
perdido mesmo em pensamento e sei
que até lá seguirei as mesmas rotas
de bares, alegrias, anedotas
e a falsa eternidade de uns instantes
de sonhos mais vulgares que brilhantes.
Hoje à noite, à deriva, busco alguns
consolos nos lugares mais comuns,
num trecho de canção e num rapaz
que ao me cruzar o lembra, o que me faz
tão infeliz que encontro porventura
poesia até em subliteratura.

2016

Brasileiro profundo

Um brasileiro profundo
é o que sou:

tenho em mim todas as raças
e nenhuma

tenho em mim todos os sexos
e nenhum

tenho em mim todos os deuses
e nenhum

2020

Mar

Ontem ao mergulhar
Passei horas a viajar
Junto a Marina
Marcelo e o Mar
Junto a Marcelo
Marina e o Mar

2023

Sofá

Depois de um almoço gostoso
Logo ao chegar em casa
Não penso em deitar-me na cama
Perfeita do nosso quarto
Mas sim no sofá tão belo
E nas almofadas fofas
Da sala
Lembrando o passado recente
E o antigo passado
E o futuro iminente
E o promissor futuro
Da gente
E em sonhos de pensamentos
Sobre árvores pênis e tudo
Me perco e me acho em poemas
Como este.

2023

AUTO RETRATO

Ontem perdi uma carteira
sem dinheiro.
Tinha só um documento
estrangeiro
e em certo compartimento
separado
meu retrato carimbado
de estudante:
passageiro equivocado
de um momento passageiro,
já distante
e agora sempre passado
Hoje já ando mais ligeiro,
mais errante,
sem o olhar do menino,
sem destino.

hoje sou muito mais lento

continuo

já

ser errante

*sou mais lento
e ainda errante*

Livro novo

*continuo a ser errante
mas mais lento,
sem o olhar do menino,
sem destino.*

Autorretrato

Ontem perdi uma carteira
sem dinheiro.
Tinha só um documento
estrangeiro
e em certo compartimento
separado
meu retrato carimbado
de estudante:
passageiro equivocado
de um momento passageiro,
já distante
e agora sempre passado.
Continuo a ser errante,
mas mais lento
sem o olhar do menino,
sem destino.

Fruto do acaso

Fruto de acaso atrás de acaso atrás de acaso

É minha vida, assim como será a morte

Resultado imprevisível do puro azar:

A menos que, quando sentir em mim o ocaso

De mim, eu tome a dianteira e tenha a sorte

De ~~escolher~~ o melhor modo de me mandar.

De encontrar um modo digno de me mandar

Fruto do acaso

Fruto de acaso atrás de acaso atrás de acaso
É minha vida, assim como será a morte,
Resultado imprevisível do puro azar:

A menos que, quando sentir em mim o ocaso
De mim, eu tome a dianteira e tenha a sorte
De encontrar um modo digno de me mandar.

De onde vim

De onde é que eu vim
Aonde é que vou
Quem é que eu sou
Qual é meu fim

Tudo parecia fácil
E ficou tudo difícil
Alguma coisa sumiu

2024

Nota

Os poemas que integram esta seção nunca haviam saído em livro. "A hora certa", "A vida e eu" e "À deriva" foram publicados originalmente na revista *Fevereiro*, em 2016. "Truques" e "Brasileiro profundo" foram entregues por Cicero a Arthur Nogueira, para que ele os musicasse. Os poemas "Mar", "Sofá", "Autorretrato", "Fruto do acaso" e "De onde vim" permaneceram inéditos e foram encontrados, impressos em papel e com marcas à caneta, no escritório do autor. A seleção é de Marcelo Pies.

ALGUMAS LETRAS

Seleção por Antonio Cicero e Arthur Nogueira

Ler canções

Arthur Nogueira

"Falta no mundo um livro com todas as letras de Antonio Cicero." Foi o poeta e compositor Mariano Marovatto quem nos fez essa provocação. Cicero gostou da ideia, e imediatamente começamos a organizar sua obra musical. Criei um documento compartilhado, e, pelo telefone, ele passou a revisá-lo, lendo os versos em voz alta para mim. Esses momentos, entre tantos outros que tive o privilégio de viver ao seu lado ao longo de vinte anos de amizade, foram extremamente especiais.

No entanto, como Cicero mesmo explicou no ensaio "Sobre as letras de canções", uma letra "não é necessariamente um bom poema". Versos que se tornam fortes ao serem cantados podem se revelar frágeis se lidos em separado — isto é, quando dissociados do ritmo, da melodia e da harmonia que os sustentam. Ao revisar suas letras na página, ele às vezes dizia: "Isto é para ser cantado, não para ser lido". Desistimos então da ideia de um volume com todas as letras. Contudo, seguindo sugestão de Alice Sant'Anna, fiz uma seleção para este livro, com a aprovação do poeta. Ele só me fez um pedido: encerrar com "Pra começar" (1986).

"Meu mundo você é quem faz", escreveu Antonio Cicero em "Fullgás" (1984). Como se sabe, em latim, "mundus" significa algo "limpo" ou "puro", como uma página em branco. Nesse sentido, o mundo jamais está encerrado e a vida é agora, com inúmeras possibilidades de ser feliz. Terminar a seleção de letras com "Pra começar", portanto — seguindo a vontade de Cicero —, é bastante significativo, refletindo o temperamento de um autor que sempre se reinventou e tomou partido pelo presente, entregando--se aos prazeres mais *fullgás* e mais fugazes, com a plena consciência de que "os momentos felizes não estão escondidos nem no passado nem no futuro".

Em cinquenta anos dedicados à palavra, sob diversos suportes, Antonio Cicero escreveu muitas letras de canções. A seleção a seguir trata dos temas com os quais o poeta mais se relacionava, segundo ele próprio: a beleza, o corpo e o prazer. São letras que se bastam na página em branco, realizadas para parceiros importantes, em diferentes fases de sua carreira. Sua irmã e principal colaboradora, Marina Lima, atravessa todos esses momentos. Ela foi a compositora responsável por tornar o poeta Antonio Cicero, que poderia ter ficado restrito ao campo literário, um letrista popular.

É conhecida a história de que, sem que Cicero soubesse, Marina, ainda adolescente, tirou da gaveta o poema "Canção da alma caiada" e fez dele a canção "Alma caiada", gravada por Maria Bethânia em 1976 — esta versão, até hoje perdida, foi censurada pela ditadura militar — e, posteriormente, por Zizi Possi, em 1979. O poeta contava que, num primeiro momento, resistiu à ideia ("Não gosto de ter minhas gavetas vasculhadas, mas a canção era muito bonita"). Depois, a parceria se consolidou, e a música mudou sua vida ("Isso me permitiu conhecer muitos tipos extraordinários de pessoas e artistas que eu não teria conhecido caso tivesse ficado restrito ao campo erudito").

Como bem observou José Miguel Wisnik em um ensaio sobre Vinicius de Moraes, ser um grande poeta não é condição para se fazer uma bela letra. Nesse sentido, a experiência de Antonio Cicero ecoa a de Vinicius como letrista, pois, tomando emprestados os termos usados por Wisnik, ambos não "literalizaram" a canção, mas encontraram para ela uma elocução mais próxima da fala cotidiana e da "imediatez dos temas populares".

Cicero era um flâneur, adorava caminhar pelas cidades, sobretudo pelo centro do Rio, e até o fim buscou ouvir, na voz das ruas, a sua própria voz.

Fullgás

Meu mundo você é quem faz,
música, letra e dança
Tudo em você é *fullgás*,
tudo você é quem lança,
lança mais e mais

Só vou te contar um segredo,
nada de mau nos alcança,
pois tendo você meu brinquedo
nada machuca nem cansa

Então venha me dizer
o que será
da minha vida
sem você

Noites de frio,
dias não há,
e um mundo estranho
pra me segurar

Então, onde quer que você vá,
é lá que eu vou estar,
amor esperto,
tão bom te amar!

E tudo de lindo que eu faço,
vem com você, vem feliz
Você me abre seus braços
e a gente faz um país

Com música de Marina Lima
1984

A chave do mundo

Meu amor faz coisas simples como o fogo

Faz como o fogo
e de repente me chamusca
e eu o amo assim tão simples
como ele não
pode ser

Não sei como ele me ofusca,
ele joga quando quer
De repente, sou seu jogo,
ele me joga quando quer

Ele joga
Eu queria ser como ele,
assim cruel como o mundo
e tão simples
que o que ele sabe eu nunca aprendo

Eu podia ser mais forte, se quisesse
Posso ser muito mais forte, se quisesse

Sei ser mais forte, meu amor não me conhece
Sei brincar com a minha sorte,
como ele não
pode saber

Abro a porta para a noite,
eu também posso brilhar
Vejo já tantas promessas,
eu também posso brilhar

Brilhar,
mas a chave do mundo
é ser exatamente assim como ele,
cruel como o mundo
e tão simples

Eu queria ser assim como ele,
cruel como o mundo
e tão simples

Com música de Marina Lima
1979

Olhos felizes

Vem cá, amor, me dá um beijo,
pra mim, o seu olhar
tem ondas feito o mar

Vem se quebrar em mim que eu deixo,
pois é só seu o meu arpejo
de paixão

Gente bonita
é um tição
que atiça a vida
do coração
Ver não se evita,
não

Eu gosto de olhar o mundo,
não ligo pro que dizem,
meus olhos são felizes

Eles não querem ser profundos,
deixe o olhar ser vagabundo,
ser em vão

Gente bonita
é um tição

que atiça a vida
do coração
Ver não se evita,
não

Vem cá, amor, me dá um beijo,
o mundo dá mil voltas
e mil reviravoltas

Não para nem corta o desejo,
veja o meu corpo assim, aceso
de verão

Com música de Marina Lima
1980

Charme do mundo

Eu tenho febre, eu sei,
é um fogo leve que eu peguei
do mar, ou de amar, não sei,
mas deve ser da idade

Acho que o mundo faz charme
e que ele sabe como encantar,
por isso, sou levada e vou
nessa magia de verdade

O fato é que sou sua amiga,
ele me intriga demais
É um mundo tão novo,
que mundo mais louco,
até mais que eu

É febre, amor,
e eu quero mais:
tudo o que eu quero,
sério,
é todo esse mistério...

Com música de Marina Lima
1981

Quem é esse rapaz

Quem é esse rapaz que, quando chega,
brilha, estrela, e me faz sua plateia,
mas, se me olha, fico tonta, cega,
atriz amadora numa estreia

Eu o vejo bonito e silencioso,
dentro do peito acho que é fogo bravo
Quero pegar, mas sei que ainda não ouso
fazê-lo meio rei e meio escravo

Os meus pensamentos vão pra ele,
ponto de fuga do meu horizonte
E se o presente vive em sua pele,
o futuro deixo que ele me aponte

São muitas as respostas que não sei,
mas me perguntar já é tão gostoso
Ele tem algo perto, longe e gay,
e vou prová-lo, quente e carinhoso

Com música de Marina Lima
1981

O último romântico

Faltava abandonar a velha escola,
tomar o mundo feito Coca-Cola,
fazer da minha vida sempre o meu passeio público
e, ao mesmo tempo, fazer dela o meu caminho só, único

Talvez eu seja o último romântico
dos litorais desse oceano Atlântico
Só falta reunir a zona norte à zona sul,
iluminar a vida, já que a morte cai do azul

Só falta te querer,
te ganhar e te perder
Falta eu acordar,
ser gente grande pra poder chorar

Me dá um beijo, então
aperta minha mão,
tolice é viver a vida assim sem aventura

Deixa ser
pelo coração
Se é loucura, então melhor não ter razão

Com música de Lulu Santos
Escrita com colaboração de Sérgio Souza
1984

Bagatelas

Eu dizia "apareça"
Quando apareceu, não esperava
Um dia me beijou e disse "não me esqueça"
Foi embora
e só esqueci metade

Que bom que eu não tinha um revólver
Quem ama mata mais com bala que com flecha
Ela deixou furo
e a porta que abriu
jamais se fecha

Nada disso tem moral nem tem lição
Curto as coisas que acendem e apagam
e se acendem novamente em vão

Será que a gente é louca ou lúcida
quando quer que tudo vire música?
De qualquer forma, não me queixo
O inesperado quer chegar,
eu deixo

E a gente faz e acontece nesta vida
nestas telas,
nestas bagatelas

Com música de Frejat
1986

Acontecimentos

Eu espero
acontecimentos,
só que, quando anoitece,
é festa num outro apartamento

Todo amor
vale o quanto brilha
e o meu brilhava
e brilha de joia e de fantasia

O que é que há com nós dois, amor?
Me responda depois
Me diz por onde você me prende,
por onde foge
e o que pretende de mim

Era fácil,
não dá pra esquecer
e eu nem sabia
como era feliz de ter você

Como pôde
queimar nosso filme,
um longe do outro,
morrendo de tédio e de ciúmes?

O que é que há com nós dois, amor?
Me responda depois
Me diz por onde você me prende,
por onde foge
e o que pretende de mim

Com música de Marina Lima
1991

Granito

Há entre as pedras
e as almas
afinidades
tão raras,
como vou dizer?

Elas têm cheiro
de gente,
queira ou não queira,
se sente,
têm esse poder

Pedra e homem
comovem,
sobem e descem
e somem,
e ninguém sabe bem

O homem desce
dos céus
e a pedra nasce
de Deus,
que tudo contém

Mas o templo eu faria assim,
puro de uma pedra bruta,
de uma fruta bem calada,
diminuta furta-cor,
do granito assim a cintilar
no seu olhar

Com música de João Bosco
1991

Asas

Suas asas,
amor,
quem deu fui eu,
para ver
você conquistar o céu

Observe tu-
do embaixo ser
menor do que
você,
como tudo é

E enquanto ar-
de a cora-
gem dos dese-
jos seus,
sem véus,

abra seus po-
ros e papi-
las e pupi-
las
à luz da manhã

E muito aci-
ma de Ipane-
ma, tão peque-
na,
tão vã,

viva o prazer,
o som, o estron-
do de uma on-
da
na arrebentação,

enquanto eu pi-
ro à sua espe-
ra na esfe-
ra
do chão

Com música de Adriana Calcanhotto
1998

Sem medo nem esperança

não sou mais tola não mais me queixo
não tenho medo nem esperança
nada do que fiz
por mais feliz
está à altura do que há por fazer

e se me entrego às imagens do espelho
sob o céu
não pense que me apaixonei por mim
bom é ver-se assim
de fora de si

eu viveria tantas mortes
e morreria tantas vidas
e nunca mais me queixaria
nunca mais

Com música de Arthur Nogueira
2015

Pra começar

Pra começar,
quem vai colar
os tais caquinhos
do velho mundo?

Pátrias, famílias, religiões
e preconceitos,
quebrou, não tem mais jeito

Agora, descubra de verdade
o que você ama
e tudo pode ser seu

Se tudo caiu, que tudo caia,
pois tudo raia
e o mundo pode ser seu

Com música de Marina Lima
1986

Posfácio

Lucidez e maravilha

Noemi Jaffe

Entre os anos de 1996 e 2012, Antonio Cicero escreveu seus três únicos livros de poemas: *Guardar*, *A cidade e os livros* e *Porventura*. Quem sabe seja possível — conhecendo sua mente lógico-poética e imaginando que ele autorizaria a ousadia e até daria uma de suas risadas quase escandalosas — formar um verso apenas composto dos títulos dessas obras: *Guardar a cidade e os livros, porventura.*

Sinto-me autorizada a essa espécie de brincadeira, porque, em sua poesia, não há uma palavra sequer que tenha sido usada de forma aleatória. Seu trabalho como poeta, mais do que reunir versos em livros, foi o de criar uma poética. Daí a possibilidade de abordar as três publicações não somente em si mesmas, mas como um projeto maior, um projeto que buscou dar conta de uma visão de mundo que, para ele, só a poesia poderia expressar.

Como o próprio poeta define no mais famoso de seus poemas e título de seu primeiro livro: *guardar* é olhar, fitar, mirar e admirar, iluminar uma coisa e ser por ela iluminado. *Guardar* um poema não é escondê-lo ou trancá-lo, mas, ao contrário, estar acordado por ele, porque se quer mostrá-lo para que, ele também, guarde o que guarda.

Guardar a cidade e os livros, assim, é velar por eles, estar ou ser por eles, da mesma forma como o poeta o fez ao longo de uma vida dedicada à filosofia, à poesia e à canção popular, na teoria e na prática (que, para ele, não se separavam). *A cidade e os livros*, por sua vez, tampouco significa somente esses dois substantivos, como instâncias separadas. São dois termos que, no título de outro de seus livros (e de um de seus poemas), se tornam intercambiáveis e mutuamente necessários, como se os livros é que fossem a cidade e como se qualquer cidade (no seu caso, o Rio de Janeiro) pudesse ser conhecida principalmente através de seus livros. Como se, em sua visão cosmopolita da vida e do mundo, fossem os livros a constituir os lugares, espaços desenraizados por onde visitar e conhecer qualquer cidade.

A palavra "porventura", finalmente, condensa em si mesma ao menos dois significados, ambos radicalmente distintivos da poesia e do pensamento desse poeta em tudo incomparável na literatura brasileira. A acepção mais comum do termo é a de uma hipótese, uma possibilidade, sinônimos que contemplam a poética de Cicero, construída em torno da ideia do tempo, do espaço e da linguagem como potências contingentes e acidentais que aparecem e desaparecem e que o poeta tenta em vão fixar. Mas "porventura" deriva, sem dúvida, de "por ventura", em que "ventura" figura como o acaso, do latim *venturus*, ou "o que está por vir". Em seu uso comum, entretanto, "ventura" é tida como um bom acaso, ou sorte, como a ventura de um deleite passageiro, o encontro venturoso que só a cidade e os livros, se bem guardados, podem produzir.

Guardar a cidade e os livros, porventura pode representar, dessa forma, um projeto poético de iluminação, cosmopolitismo, acaso e deleite, todos interdependentes.

"Prólogo", o primeiro poema de *A cidade e os livros*, inicia-se com a pergunta: "Por onde começar?".

Essa pergunta, acredito, tem mais de um destinatário: por onde começar a leitura de um livro, por onde começar a contar o princípio da poesia, por onde começar a contar o princípio de qualquer coisa. Já que as palavras, na poesia de Antonio Cicero, são pensadas em sua máxima potência expressiva — som, ritmo, morfologia, sintaxe, significados, etimologia —, "como começar" tem também um alcance metalinguístico, no sentido de que esse livro, como todos os outros do autor, não é somente uma coleção de poemas, mas um projeto, uma declaração poética.

É uma pergunta que cabe também aqui, no início deste posfácio, com as dificuldades implicadas em escrever sobre um poeta da grandeza de Antonio Cicero. Um poeta que, além de criar uma poesia tão indefinível como o instante que busca agarrar, decidiu retornar, por sua própria conta, ao absoluto indefinível: a morte.

No referido poema, o próprio poeta responde à pergunta que se fez, sobre por onde começar: "Pelo começo/ absoluto, pelo rio Oceano/ já que ele é [...]/ pai das coisas divinas e mortais/ seu líquido princípio, fluxo e fim [...]". Não se trata dos oceanos como os conhecemos hoje, mas do rio Oceano, imagem mítica de um rio que envolve o próprio mundo e "todas as coisas que emergiram das águas", ou seja, todos os seres e coisas que habitam o mundo por ele envolvido. O termo que eu gostaria de destacar, entre tantos outros de força originária nesse poema, é "absoluto", ou "começo absoluto", que, nas palavras de Cicero, coincide com o "líquido princípio, fluxo e fim". Conforme o poeta e filósofo, para quem a poesia e a filosofia não se misturavam nem deveriam se misturar, todo processo de criação de formas — pensar, nomear e fazer poesia — é o processo da passagem do absoluto informe, líquido e em fluxo para a forma contingente e relativa, sujeita ao tempo e à desaparição. É nesse desafio — semelhante ao desafio de Menelau de agarrar o Proteu multiforme e divino, e, pela astúcia, fixar momentaneamente uma forma — que se localiza a poesia de Cicero, sabedora de que sua força e beleza estão justamente no cruzamento entre o possível e o impossível.

Quero também começar, sob os influxos dessa poesia e desse poeta, por um lugar semelhante àquele por onde principia *A cidade e os livros*: pela impossibilidade de oferecer uma leitura definitiva a essa obra e à pessoa que a criou. Quero escrever sob o regime da impotência e da falibilidade, o único que me permitirá ser fiel a quem quis tornar eterno o agora, nossa maldição e nossa bênção, combinação máxima do absoluto e do relativo: "Que o mais impecável verso/ breve afunda feito o resto/ (embora mais lentamente/ que o bronze, porque mais leve)/ sabe o poeta e não o ignora/ ao querê-lo eterno agora".

Nessa expressão breve, "eterno agora", de linhagem conhecida tanto na poesia ocidental (de Horácio a Walt Whitman) como na brasileira (de Gregório de Matos a Vinicius de Moraes, com seu "que seja eterno enquanto dure"), pode-se dizer que está sintetizado todo o paradoxo de que se nutre o trabalho poético de Antonio Cicero, sempre provocando um estranhamento tenso e teso entre pares só aparentemente inconciliáveis: o clássico e o contemporâneo, as formas fixas e as formas livres, o elevado e o baixo, o absoluto e o relativo, o eu e o outro, a superfície e o fundo, o lado de fora e o lado de dentro. Uma enumeração que poderia ainda se estender, mas que, de qualquer forma, exemplifica o nó que, numa poesia de dicção quase sempre serena, mantém a voltagem.

Eterno é o rio Oceano, o ponto de onde tudo parte e para onde tudo se destina: o absoluto informe em constante transformação, o nada e o todo inagarráveis, como Proteu. Eternos são os mitos revisitados em seus poemas, como Prometeu, Ícaro, Medusa, Fedra; eternos são a morte e os quatro elementos: a água, a terra, o fogo e o ar; eternos são o tempo e o espaço, o universo e a *arkhé* de onde vieram os nomes e as palavras.

Agora é um rapaz olhando as mercadorias e a si próprio numa vitrine, são as pessoas dentro de um ônibus ("sombrios passageiros/ voltando mortos para casa"), é o Hotel Marina quando acende suas luzes, é Artur oferecendo a Prometeu um pacote de excursões parcelado. *Agora* é a contingência, o acidental e o fugaz, as coisas em estado de imanência e concretude, também inagarráveis não pela falta de forma, mas porque passam. O ser do agora é justamente sua efemeridade, e essa é sua delícia e condenação.

Mas o *agora* é também a própria forma, as palavras que se deitam sobre o papel na tentativa de fixá--lo, embora conscientes de sua impotência. Assim também o fizeram, por exemplo, os construtores da Torre de Babel, punidos por tentarem fixar, na forma de uma torre, sua fé e devoção. Mas, como faz e desfaz com tantos mitos, também para esta torre herege Antonio Cicero propõe uma leitura às avessas, como se feita a partir de um espelho. Ao descer o Senhor para "ver a cidade e a torre que construíam os filhos dos homens/ [...] disse [...]/ eia descendo amarremos sua língua e confundamos sua voz para que não queiram desejar o que desejam", assim como prega a letra bíblica. Mas, no poema de Cicero, os homens não se fizeram de rogados e, ao contrário do que pretende a punição, "[...] disseram eis um senhor que amarra nossa língua e confunde nossa voz para que não queiramos desejar o que desejamos/ [...] multipliquemos pois nossas línguas e nossas vozes para que o senhor não compreenda as vozes dos homens". Nesse poema, "Confusão", é o senhor absoluto que se submete às criaturas contingentes, capazes de transformar a punição — a multiplicação de línguas — em graça, pela força da multiplicação das palavras e do desejo. O castigo divino se traduz em impedir os homens de "desejarem o que desejam" e estes, por sua vez, aproveitam a confusão de línguas como revolta para poderem continuar a desejar. O desejo, na poesia de Cicero, poderia ser definido, também, como um portador desse agora eterno e impossível que sua poesia persegue e que, como produção guardada no papel, acaba por (quase) alcançar: "desejarmo-nos é a nossa desdita/ pedindo-nos demais que seja dita" (onde "dita" é tanto antônimo de "desdita" quanto o particípio passado do verbo "dizer").

Estudioso da filosofia, da língua e da poesia greco-latinas, poderíamos dizer que Antonio Cicero foi um homem pagão, que nunca acreditou em um Deus único e todo-poderoso, mas não deixou de pensar os deuses como forças desejantes e, principalmente, mutantes. Como se sabe, a poesia greco-latina e alguns de seus principais representantes, como Safo, Horácio ou Píndaro, são expressões pagãs que, em vários casos, podem ser relacionadas ao epicurismo, pensamento que guiou a forma como Cicero conduziu sua vida e escreveu sua poesia. No poema "Nênia", de *A cidade e os livros*, que, ironicamente, poderia ter sido escrito para si próprio, diz o poeta: "Sua vida/ era infinita, não porque se estendesse indefinidamente/ no tempo, mas porque, como um campo visual, não tinha limite. Tal qual outras pedras preciosas, ela não se media pela extensão, mas pela intensidade. [...]

Bom não é viver, mas viver bem. Ele viu a luz do dia, teve amigos, trabalhou, amou e floresceu. Às vezes anuviava-se o seu brilho. Às vezes era radiante. Quem pergunta quanto tempo viveu? Viveu e ilumina nossa memória" (grifo meu).

"Bom não é viver, mas viver bem" poderia ser a síntese do pensamento de Epicuro, para quem o bem viver é a vida agarrada no agora ou no presente, com o mínimo possível de desprazer. Apenas o prazer necessário para que o agora possa se repetir, até que chegue o momento em que não possa mais e, nesse caso, nessa ventura, a morte não é indesejável, mas bem-vinda. Desejar o que se deseja e realizar (tornar real) o desejo é o prazer que cabe aos humanos. Viver em sua curta temporada na terra, nos lugares e tempos que lhe couberam, experimentando o máximo de prazer: "O grande bem não nos é nunca dado/ e foste já furtado do segundo:/ O resto é afogar-te com o amado/ na líquida volúpia de um segundo" (poema "Segundo a tradição"); "Só o desejo não passa/ e só deseja o que passa/ e passo meu tempo inteiro/ enfrentando um só problema:/ ao menos no meu poema/ agarrar o passageiro" (poema "Desejo") — e vide o duplo significado de "agarrar o passageiro", considerando a dimensão homoerótica e lúdica da poesia de Cicero; "Desprezar a morte, amar o doce,/ o justo, o belo e o saber: esse é/ o buquê. Ontem nasceu o mundo./ Amanhã talvez pereça. Hoje/ viva o esquecimento e morra o luto" (poema "Buquê").

Na mesma esfera do desejo — expresso no eterno agora — e sua possível realização somente no âmbito da fugacidade, está a compreensão única que Antonio Cicero tem do que seja o narcisismo e o amor narcíseo: "Qualquer poema bom provém do amor/ narcíseo. Sei bem do que estou falando/ e os faço eu mesmo, pondo à orelha a flor/ da pele das palavras [...]". Narciso e sua sina comparecem e pode-se dizer que permeiam, como um perfume, toda a poesia de Cicero. Também com relação a esse mito, o poeta realiza uma leitura enviesada e nada moralista.

Quase um consenso não passível de discussão, o narcisismo é considerado, em nossa sociedade, um "defeito" moral, um excesso de amor por si mesmo e, o que é pior, pela imagem de si mesmo, em oposição ao amor pela alma, considerada mais verdadeira e profunda. Não é assim para um poeta simultaneamente epicurista, racionalista e moderno. De acordo com ele, "Narciso [...] é líquido/ cristalizado de forma precária/ e preciosa, trazendo o sigilo/ da sua origem no semblante vívido/ conquanto reflexivo. Ousaria/ defini-lo como aquele em que a vida/ mesma se retrata. É pois fatídico/ que, logo ao se encontrar, ele se perca/ e ao se conhecer também se esqueça,/ se está na confluência da verdade/ e da miragem quando as verdes margens/ da fonte emolduram sua imagem fluida/ e fugaz de água sobre água cerúlea".

Para Cicero, Narciso não morre por excesso de vaidade, mas pela inocência em identificar, na imagem refletida, o próprio rosto. Narciso se apaixona pelo belo, sem saber que se trata de uma miragem fluida. Para ele, aquela imagem na superfície — que treme e foge — é a imagem de um outro. No caso, depois da tragédia consumada, o outro de si mesmo. Mas por quem um ser se apaixona, ao se apaixonar, senão pela imagem de si mesmo refletida no olho do outro, do objeto do nosso amor? Amar a imagem vista na superfície da água é como escrever à flor das palavras, como amar não o que está dentro, mas fora: a cidade, os livros, o mar, o sol; e ser, mesmo que por um instante, "coisa entre coisas", "anônimo entre anônimos", numa confusão desejada entre o real e o imaginário. Ser a imagem do espelho e ver a realidade apenas refletida e invertida, despojada de sua conexão compulsória com uma moral culpada e culposa: "A pele salgada daquele surfista/ parece doce de leite condensado./ Como seu olhar, o mar é narcisista/ e, na vista de um, o outro é espelhado".

É nesse sentido, de um narcisismo que quero chamar de ativo e contemplativo, que se distribuem, como num festejo, as inúmeras versões do verbo "olhar" na poesia de Cicero: "*olhar* límpido e grávido", "o mundo que se *alumbra*", "*olhos* gulosos engolem glaucas e mornas transparências", "eu *velo* enquanto voas ou velejas", "você em troca cede o seu *olhar* sem sonhos à minha *contemplação*", "bom é *ver-se* no espaço diáfano do mundo", "as letras brancas de alguns versos me *espreitam*", "ele saboreia o gesto, gemido ou tremor que *observa*", "que divisa o *olhar* desse moreno?", "quis eu mesmo o *olhar sem olhos que vê e se recusa a ser visto*", "daquele prédio às escuras, em frente ao meu e mais alto, que *voyeur* me *espiaria*?" (grifos meus).

O olhar espalhado por seus livros é a expressão de seu amor pelo lado de fora, pelas coisas em estado de imanência — sua quidade — iluminadas pelo sol e capazes, por isso, de refletir luz. Em um poema como "O país das maravilhas", de *A cidade e os livros*, essa entrega afirmativa às superfícies — parte de sua poética — se faz mais cristalina: "Não se entra no país das maravilhas/ pois ele fica do lado de fora,/ não do lado de dentro. Se há saídas/ que dão nele, estão certamente à orla/ iridescente do meu pensamento,/ jamais no centro vago do meu eu". O país das maravilhas (referência nítida ao Rio de Janeiro, mas também à Alice e seu mundo imaginário) se localiza justamente à orla iridescente, ou, em outras palavras, nos olhos que, esses sim, são superfícies por onde olhar e ser olhado, por onde refletir e ser refletido, o lago do "eu", lá onde Narciso se afogou. No centro vago do lado de dentro, como diz outro poema, "Merde de poète", o que se encontra não são maravilhas — encantos do olhar —, mas merda: "Quem gosta de poesia 'visceral',/ ou seja, porca, preguiçosa, lerda,/ que vá ao fundo e seja literal,/ pedindo ao poeta, em vez de poemas, merda".

Surpreendentemente — como quase tudo na poesia deste poeta/filósofo/letrista, este autor clássico-pop —, a mesma luz que se associa a sua leitura inesperada do mito de Narciso e sua busca pelo deleite do "eterno agora" é a luz que o guia em seus caminhos estritamente racionais, ou, para usar um termo mais próprio, iluministas. É assim que, em sua poesia, percorremos trilhas que brilham não somente pelo sol, pelo erotismo e pelas cidades ali encontradas, mas também pelas Luzes clássicas, pela metrificação justa e rígida, pela mimese horaciana e por sua sintaxe silogística, marcada por estranhas cesuras, em muito semelhantes a algumas praticadas por João Cabral de Melo Neto. Ainda no campo etimológico da luz, pode-se falar em uma poesia lúcida, do latim *lucidus*, ou brilhante.

Odes, elegias, epigramas, nênias, figuras mitológicas, métrica rígida, rimas toantes e soantes, léxico elevado, sintaxe escorreita, contemplação homoerótica, elogio da beleza e da juventude, *carpe diem, tempus fugit* são apenas alguns dos elementos clássicos greco-romanos a serem adotados por Antonio Cicero e distribuídos à farta em seus três livros de poesia.

É de perguntar como se pode chamar de moderna ou contemporânea uma poesia que se vale de formas tão rigorosas e ancestrais, sem que se trate de recurso paródico ou de certa ironia em relação ao passado. Não é isso. Ao contrário, é com seriedade e, pode-se dizer, devoção à tradição que Cicero as reproduz. Entretanto, basta uma rápida leitura de qualquer um de seus livros para perceber que essas formas, embora em grande parte mantidas em sua rigidez métrica, são, por assim dizer, aliciadas por intervenções atuais.

Em primeira pessoa, um mito da grandeza de Prometeu desabafa: "Há muito tempo sei que este penhasco/ não existe, como tampouco há um deus/ a me punir, mas sigo acorrentado./ Aguardam-me amplos caminhos no mar/ e urbes formigantes a engendrar/ cruzamentos febris e inopinados./ Artur diz 'claro' e recomenda um amigo/ que parcela pacotes de excursões". Em um soneto formado por decassílabos, próprios a esse mito que suporta o sacrifício eterno em nome de ter oferecido à humanidade o presente do fogo, o herói confessa: sei que não há penhasco nem deuses a me punir. Trata-se não mais de um mito em sua dimensão de mártir, mas de um homem cansado e, mais do que isso, decaído que, no lugar de "urbes formigantes a engendrar cruzamentos febris", recebe a recomendação de um pacote de excursões parcelado de um tal de Artur.

Em outro soneto, agora em eneassílabos, uma espécie de vate (Tirésias? Eidoteia?) prevê a luta que se travará entre Menelau e Proteu, dirigindo-se diretamente a Menelau na segunda pessoa: "Helena jamais regressará./ Ao meio-dia não sairá/ ela mas Proteu do mar bravio./ Quem lá estará à espreita escondido?/ Tu". Mais adiante, antevendo o corpo a corpo entre o velho e a deidade até então incapturável, segue o poema: "[...] abraça o leão/ que ele será, segura a serpente,/ cinge o bólide e a água corrente,/ engole a televisão e a mata". Novamente, em meio à profecia do combate que, segundo a epopeia homérica, realmente se deu, surge um elemento incomodamente estranho: uma televisão. Não é difícil compreender o paralelo entre Proteu e a televisão, também ela infinitamente mutante. Entretanto, é justamente pela presença desse elemento estranho, assim como pela presença de Artur e seu pacote parcelado de excursões, no poema anterior, que tanto a forma clássica do soneto como a contemporânea se encontram tensionadas. Longe de qualquer ironia ou reprodução cega do mundo clássico ou da contemporaneidade, Antonio Cicero cria um enredamento temporal e poético em que tanto Horácio questiona Artur, quanto a televisão problematiza Proteu. É como se o passado (*esse* passado) se mantivesse aceso (iluminado) pelo presente e o presente pudesse intervir no passado, saltando inesperadamente para dentro dele.

Longe de atender às demandas por um vanguardismo compulsório, em seus ensaios Cicero não teme afirmar que as vanguardas morreram, sim, mas não por fracasso, e sim porque foram bem-sucedidas. Cumprido seu papel transgressor, de desafio aos padrões convencionais, não há mais razão para se ver compelido à experimentação. Isso não quer dizer, em absoluto, que a poesia de Cicero não ouse experimentar. Entretanto, são recursos sutis e que só comparecem — como tudo em sua poesia — por necessidade e justeza formal. O próprio fato de Prometeu receber uma proposta de pacotes de excursão, e parcelados, ou, em outro poema ("Meio-fio"), as redondilhas maiores, próprias de Camões, serem utilizadas para narrar uma trombada — "Mas, na Barão de Ipanema/ com a Domingos Ferreira,/ eis que fazemos besteira/ a um quarteirão do cinema" —, já é ousadia suficiente.

É na aliança rara entre a dicção clássica — mitológica, justa e regrada — e a dicção contemporânea — contingencial, coloquial e urbana — que reside, mais uma vez, aquele nó central da poesia de Cicero. Em sua filosofia, o poeta separa rigorosamente a instância absoluta, negativa e universal daquela outra relativa, positiva e contingencial. Em cada acidente do acaso, em cada coisa contemplada há um eu que dela duvida. E, em sua poesia, é como se o rigor formal constituísse essa própria instância atemporal e dubitativa, colocando em xeque a circunstância trivial que ali se imiscui. A trombada, a televisão, o pacote de excursões, todos se encontram como que enxertados numa trama arcaica que ao mesmo tempo os captura e é por eles capturada. Quando o poeta adere ao mote horaciano do *carpe diem*, com seu fulgurante "eterno agora", o que ele busca e afirma é a modernidade de todas as épocas com que trabalha. Todas elas são modernas, enfim, por estarem em acordo ou desacordo com a sua "agoridade", por serem hodiernas. E usar recursos clássicos, da forma como Cicero os usa, não é passadismo, mas, ao contrário, afloramento de uma "agoridade".

Nos mesmo termos, o cosmopolitismo de sua poesia, filosofia, canções e ensaios provém de uma visão intransigentemente desenraizada das cidades e das pessoas. Para Cicero, o enraizamento — suas causas e consequências — é o responsável pelo conservadorismo e o infantilismo que tomam conta, cada vez mais, do comportamento social e da produção cultural nas grandes cidades. "Largar o cobertor, a cama, o/ medo, o terço, o quarto, largar/ toda simbologia e religião; largar o/ espírito, largar a alma, abrir a/ porta principal e sair. Esta é/ a única vida e contém inimaginável/ beleza e dor." Larga o que te prende e sai, da mesma forma como, no país das maravilhas não se entra, porque ele está não do lado de dentro, mas no lado de fora, onde "Tudo é/ gratuito: as luzes cinéticas das avenidas,/o vulto ao vento das palmeiras/ e a ânsia insaciável do jasmim;/ e, sobre todas as coisas, o/ eterno silêncio dos espaços infinitos que/ nada dizem, nada querem dizer e/ nada jamais precisaram ou precisarão esclarecer".

Para ele, cartesiano que era, só a poesia pode conferir essa liberdade, solta das amarras especulativas da filosofia. Só a poesia aproxima novamente as palavras das coisas, permitindo a ambas experimentar — sempre de forma fugaz mas radiante — um estado de imanência: "ser coisa entre coisas", "anônimo entre anônimos", "um dia passo inteiro para lá". É desse lugar de uma integração possível entre ser contemplador e objeto contemplado — olhar por olhar, ser por ser, estar por estar —, no lugar do desenraizamento descompromissado (mas não inconsequente) que muitos de seus poemas espiam o mundo: "Quando a noite vem/ um verão assim/ abrem-se cortinas varandas/ janelas prazeres jardins"(poema "Onze e meia"); "Pois sou a noite, somos/ eu poeta, tu proeza/ e de repente exclamo:/ tanto mistério é,/ tanta beleza"(poema "Stromboli"); "Por que não me deitar sobre este/ gramado, se o consente o tempo,/ e há um cheiro de flores e verde/ e um céu azul por firmamento/ e a brisa displicentemente/ acaricia-me os cabelos?" (poema "Presente").

Tamanha lucidez, tamanha voltagem de luzes, tanto no sentido iluminista como no sentido do esplendor, não poderiam ignorar seu outro lado, implacável: a melancolia advinda da impossibilidade de "agarrar o passageiro". O ardor por viver o instante e vivê-lo com o máximo de intensidade, prazer e beleza é maior ainda pela consciência de sabê-lo breve. E o que fica depois de sua passagem é a constatação da impotência: o tempo não se importa com os desejos de cada um. Além do mais, afora a imponderabilidade das horas, dias e anos, é também inevitável constatar que as cidades, com o passar do tempo, perderam a aura de esplendor que um dia encantou o jovem Cicero: "Ia ao centro da cidade/ e me achava em livrarias,/ livros, páginas, Bagdad,/ Londres, Rio, Alexandria://️ Que cidade foi aquela/ em que me sonhei perder/ e antes disso acontecer/ aconteceu-me perdê-la?".

Perder-se na cidade é um sinal do flâneur, da confusão babélica como dom e não como punição, sinal do desenraizamento buscado pela poesia de Antonio Cicero. Ser perdido por ela, por sua vez, é a marca do insucesso de sua visão cosmopolita. Diante disso, só restam perguntas sem resposta: para onde foi o Rio de Janeiro, para onde foi o passado? "Hoje é diferente,/ pois todas as cidades encolheram,/ são previsíveis, dão claustrofobia/ e até dariam tédio, se não fossem/ os livros incontáveis que contêm." Ou, num poema com o nome nada discreto de "Perplexidade": "Não sei bem onde foi que me perdi;/ talvez nem tenha me perdido mesmo,/ mas como é estranho pensar que isto aqui/ fosse o meu destino desde o começo".

Existe uma grande diferença, marcante na poesia de Cicero, entre "perder-se" e "ser perdido", como se o primeiro representasse a entrega prazerosa à contingência e o segundo a consumição do eu pelo avanço absoluto do tempo e do espaço: "Tarde aprendi a gozar/ a juventude, e já me ronda a suspeita/ de que jamais serei plenamente adulto:/ antes de sê-lo, serei velho". É como se, com o tempo que se abate sobre todos os seres e coisas, o nada deixasse de ser algo a ser sorvido e descoberto e passasse a ser somente o imponderável, o vazio: "nada sustenta no nada esta terra/ nada este ser que sou eu/ nada a beleza que o diz descerra/ nada a que a noite acendeu/ nada esse sol que ilumina enquanto erra/ pelas estradas do breu/ nada o poema que breve se encerra/ e que do nada nasceu".

Voltamos aqui ao início, ao rio Oceano, que tudo envolve, de onde tudo parte e para onde tudo se dirige, o informe que, constatado o nada em que tudo se transmuta, não pode mais ser transmutado em forma, em poesia e esplendor: "Há algo que jamais se esclareceu:/ onde foi exatamente que larguei/ naquele dia mesmo o leão que sempre cavalguei?".

* * *

Em julho de 2023, Antonio Cicero foi diagnosticado com a doença de Alzheimer. Diante do curso inelutável da enfermidade e de seu sintoma mais evidente, a perda da memória, esse homem marcado pela lucidez tomou uma decisão irrevogável e optou pela morte assistida, finalmente realizada em outubro de 2024. De acordo com seu companheiro de décadas, Marcelo Pies, a quem todos os seus livros e muitos poemas foram dedicados, tratou-se de uma decisão serena e consciente, antes que, no lugar de perder-se, o poeta fosse perdido pela perda de si. Sua opção pela morte e a forma ironicamente meticulosa com que ele a tomou deixam, para quem fica, o mesmo recado que deixaram por aqui sua vida, sua filosofia, suas canções e poemas: "Conhece da humana lida/ a sorte:/ o único fim da vida/ é a morte/ e não há, depois da morte,/ mais nada./ Eis o que torna esta vida/ sagrada:/ ela é tudo e o resto, nada".

A vida é tudo e não há nada depois dela. Vivamos a vida, pois, como escolha iluminada, buscando, apesar (e por causa) do nada que a sucede, agarrar o tudo que ela contém: beleza, prazer e maravilha.

Consciente do risco, gostaria de terminar este posfácio com um poema à moda dele. Como amigo que era, sei que me ofereceria, em troca, um abraço:

Cicero escolheu a morte
que a vida o fez colher;

a morte como colheita
eleita, de quem lê na morte
a vida e que deixa para
os que ficam o recado:
a vida só vale a vida
escolhida e colhida, nunca
ao acaso ou sem delícia,
para que a morte, infalível,
seja como a dele, propícia.

Créditos das canções

Abaixo, estão indicadas as editoras musicais das canções presentes neste livro, nas quais Antonio Cicero participa como autor das letras.

Obras editadas por Acontecimentos Produções e Edições Artísticas (ADM Sony Music Publishing)/ Fullgás Produções Artísticas Ltda. (ADM Universal Music Publishing MGB Brasil)/ Boa Música Brasil Direitos Musicais Ltda.:
"Fullgás" — Marina Lima/ Antonio Cicero.

Obras editadas por Acontecimentos Produções e Edições Artísticas (ADM Sony Music Publishing)/ Fullgás Produções Artísticas Ltda. (ADM Universal Music Publishing MGB Brasil):
"Acontecimentos" — Marina Lima/ Antonio Cicero; "Charme do mundo" — Marina Lima/ Antonio Cicero; "Quem é esse rapaz" — Marina Lima/ Antonio Cicero.

Obra editada por Warner Chappell Publishing (ADM Warner Chappell Publishing)/ Fullgás Produções Artísticas Ltda. (ADM Universal Music Publishing MGB Brasil):
"Pra começar" — Marina Lima/ Antonio Cicero.

Obras editadas por Warner Chappell Edições Musicais Ltda.:
"A chave do mundo" — Marina Lima/ Antonio Cicero; "Bagatelas" — Roberto Frejat/ Antonio Cicero; "Olhos felizes" — Marina Lima/ Antonio Cicero.

Obras editadas por Universal Music Publishing/ Peermusic do Brasil Edições Musicais Ltda./ Pancho Sonido Promoções, Produções Artísticas e Edições Musicais Ltda.:
"O último romântico" — Lulu Santos/ Sérgio Souza/ Antonio Cicero.

Obras editadas por Acontecimentos Produções e Edições Artísticas (ADM Sony Music Publishing)/ Zumbido Edições Musicais Ltda. (ADM Sony Music Publishing):
"Granito" — João Bosco/ Antonio Cicero.

Obras editadas por Acontecimentos Produções e Edições Artísticas (ADM Sony Music Publishing)/ Minha Música Edições Musicais Ltda. (ADM Sony Music Publishing):
"Asas" — Adriana Calcanhotto/ Antonio Cicero.

Obras editadas por Dubas Música/ Acontecimentos Produções e Edições Artísticas (ADM Sony Music Publishing):
"Sem medo nem esperança" — Arthur Nogueira/ Antonio Cicero; "Brasileiro profundo" — Arthur Nogueira/ Antonio Cicero.

Índice de poemas e canções

3h47, 166

A chave do mundo, 192

A cidade e os livros, 82

À deriva, 174

À francesa, 53

A hora certa, 172

A luta, 101

A morte de Arquimedes de Siracusa, 155

A mulher com crisântemos, 129

A vida e eu, 173

Acontecimentos, 200

Água Perrier, 45

Alguns versos, 81

Amazônia, 136

Antigo verão, 90

Aparências, 159

As flores da cidade, 162

As livrarias, 113

Asas, 204

Auden e Yeats, 131

Aufklärung, 98

Autorretrato (manuscrito), 178

Autorretrato, 179

Bagatelas, 199

Balanço, 123

Blackout, 147

Brasileiro profundo, 175

Buquê, 111

Canção da alma caiada, 44

Canção de Paulo, 95

Canção do amor impossível, 96

Canção do prisioneiro, 94

Canto XVII, 97

Canto XXIII: Desafogo, 20

Cara, 37

Charme do mundo, 196

Cicero, 31

Cidade, 158

Colono lacônico, 18

Confusão, 24

Consegui, 149

De onde vim, 182

De trás pra frente, 46

Declaração, 112

Definição ostensiva, 135

Desejo, 128

Deus ex machina, 92

Diamante, 133

Dilema, 28

Dita, 23

Don'Ana, 87

Eco, 66

Elo, 54

Esse amante, 86

Eu vi o rei passar, 60
Falar e dizer, 26
Fedra, 154
Felicidade, 41
Francisca, 89
Fruto do acaso (manuscrito), 180
Fruto do acaso, 181
Fullgás, 190
Granito, 202
Guardar, 15
História, 104
Hora, 124
Hotel Meio-Dia, 47
Huis clos, 106
Ícaro, 164
Ignorant Sky, 57
Inverno, 39
La Capricciosa, 153
Leblon, 151
Logrador, 49
Longe, 165
Mar, 176
Maresia, 50
Medusa, 107
Meio-fio, 140
Merde de poète, 84
Minos, 29
Muro, 157
Museu de Arte Contemporânea, 80
Na praia, 156

Narciso, 62

Nênia, 103

Nihil, 139

Noite, 58

O emigrante, 21

O enigma de Hempel, 59

O fim da vida, 152

O grito, 91

O livro de sombras de Luciano Figueiredo, 144

O país das maravilhas, 79

O parque, 63

O poeta cego, 125

O poeta lírico, 127

O poeta marginal, 126

O último romântico, 198

Obsessão 1, 99

Obsessão 2, 100

Olhos felizes, 194

Onda, 42

Ônibus, 105

Onze e meia, 36

Oráculo, 27

Os ilhéus, 110

Palavras aladas, 134

Perplexidade, 109

Poema, 143

Pra começar, 207

Presente, 142

Prólogo, 77

Proteu, 85

Prova, 160

Quase, 48

Quem é esse rapaz, 197

Rapaz, 19

Sair, 114

Segundo a tradição, 17

Sem medo nem esperança, 206

Simbiose, 43

Síntese, 132

Sofá, 177

Solo da paixão, 35

Stromboli, 40

Tâmiris, 93

Templo, 69

Teofania, 67

Transparências, 22

Trevo do Marinheiro, 65

Truques, 171

Valeu, 163

Virgem, 52

Vitrine, 102

Voz, 16

Sobre o autor

Com uma obra sedutora e versátil, Antonio Cicero Correia Lima deixou uma marca singular na literatura brasileira contemporânea. Autor de poemas e ensaios, era capaz de mobilizar um repertório extremamente erudito, em constante referência à tradição poética, e, ao mesmo tempo, de agitar as pistas de dança com suas icônicas letras de música.

Nascido no dia 6 de outubro de 1945, no Rio de Janeiro, filho dos piauienses Amélia Correia Lima e Ewaldo Correia Lima, Cicero começou a estudar filosofia na PUC-Rio e, depois, no Instituto de Filosofia e Ciências Sociais da UFRJ. Em seguida mudou-se para a Inglaterra, onde concluiu o curso de filosofia na Universidade de Londres. Em 1976, fez pós-graduação na Universidade Georgetown, nos Estados Unidos, e, posteriormente, foi professor de filosofia e lógica em universidades no Rio de Janeiro.

A carreira de letrista teve início quando Marina Lima, sua irmã, musicou secretamente um de seus poemas, "Canção da alma caiada". Depois disso, deram início a uma profícua colaboração, da qual nasceram grandes sucessos como "Fullgás" e "Pra começar". Além de Marina Lima, Cicero assina parcerias com Caetano Veloso, Lulu Santos, Waly Salomão,

Adriana Calcanhotto, João Bosco e Arthur Nogueira, entre outros nomes.

A produção poética de Cicero ganhou forma de livro em 1996, com *Guardar* (Record), vencedor do Prêmio Nestlé de Literatura Brasileira na categoria estreante. Lançou mais dois livros de poemas: *A cidade e os livros* (Record, 2002) e *Porventura* (Record, 2012).

Como filósofo, publicou *O mundo desde o fim* (Francisco Alves, 1995), *Finalidades sem fim* (Companhia das Letras, 2005, finalista do prêmio Jabuti na categoria Teoria/Crítica literária), *Poesia e filosofia* (Civilização Brasileira, 2012), *Poesia e crítica* (Companhia das Letras, 2017) e *O eterno agora* (Companhia das Letras, 2024), coletânea de textos escritos para os ciclos de debates organizados por Adauto Novaes.

Em 2017, foi eleito para a cadeira 27 da Academia Brasileira de Letras.

Faleceu no dia 23 de outubro de 2024, em Zurique, na Suíça.

ESTA OBRA FOI COMPOSTA PELO ACQUA ESTÚDIO EM MERIDIEN
E IMPRESSA EM OFSETE PELA GRÁFICA PAYM SOBRE PAPEL PÓLEN NATURAL
DA SUZANO S.A. PARA A EDITORA SCHWARCZ EM JUNHO DE 2025.

A marca FSC® é a garantia de que a madeira utilizada na fabricação do papel deste livro provém de florestas que foram gerenciadas de maneira ambientalmente correta, socialmente justa e economicamente viável, além de outras fontes de origem controlada.